U0570225

宋 歐陽修 宋祁 撰

新唐書

第九册

卷七二中至卷七三上（表）

中華書局

唐書卷七十二中

表第十二中

宰相世系二中

王氏出自姬姓。周靈王太子晉以直諫廢爲庶人，其子宗敬爲司徒，時人號曰「王家」，因以爲氏。八世孫錯，爲魏將軍。生賁，爲中大夫。賁生渝，爲上將軍。渝生息，爲司寇。息生恢，封伊陽君。生元，元生頤，皆以中大夫召，不就。生翦，秦大將軍。生賁，字典，武陵侯。生離，字明，武城侯。二子：元、威。元避秦亂，遷于琅邪，後徙臨沂。四世孫吉，字子陽，漢諫大夫，始家皐虞，後徙臨沂都鄉南仁里。生駿，字偉山，御史大夫。二子：崇、游。崇字德禮，大司空、扶平侯。生遵，字伯業，後漢中大夫、義鄉侯。生二子：旹、音。音字少玄，大將軍掾。四子：誼、叡、典、融。融字巨偉。二子：祥、覽。覽字玄通，晉宗正卿、卽丘貞子。六子：裁、基、會、正、彥、琛。裁字士初，撫軍長史，襲卽丘子。三子：導、穎、敞。導字茂弘，丞相始興文獻公。六子：悅、恬、劭、洽、協、薈。洽字敬和，散騎侍郎。二子：珣、珉。珣字元琳，尚書令、前將軍，謚曰獻穆。五子：弘、虞、柳、孺、曇首。曇首，宋侍中、太子詹事、豫寧文侯。二子：僧綽、僧虔。僧綽，中書侍郎，襲豫寧愍侯。生儉，字仲寶，齊侍中、尚書令、南昌文憲公。生騫，字思寂，梁給事中、南昌安侯。生規，字威明，左戶尚書、南昌章侯。生褒，褒字子淵，後周光祿大夫、石泉康侯。生鼒，字玉鉉，隋安都通守、石泉明威侯。子弘讓、弘直。

弘讓字敬宗，中書舍人，專掌機密。	方士字玄逸，臨邛令。	崇禮，沂州司馬。	瑤，涿城府果毅。	
	方則字玄憲，光祿卿。	景，蘭州刺史。	綰，常選。	混。
				液。

綺，越州倉曹參軍。		純，成武令。		緒，祕書郎。			綀，莘尉。	紓，通事舍人。
浩。	渙。	濬。	沂。	坦。	湑。			
					源廣，管城尉。	德文。		

							方泰字玄鴻，馮翊丞。敏，太府少卿。	
晏，益州倉曹參軍。			昱，好畤丞。		昪，夏州長史。			
安期。	佺期。	榮期。	維。	綱，臨洺丞。	繪。	縱。	志悌，宜壽尉。	
							汝，殿中少監。	
							衮，御史知雜。	
							宜陽。	紹。

弘直字長宗，魏州刺史，謚曰孝。	緘字方舉，隋州司馬。	思晳，洛州參軍。	撝。						
		濛，宋王屬。	志簡，常選。						
		濬，南昌丞。							
		澄。	志深，襄樂尉。						
			志斌，長上果毅。						
		源，虢州參軍。	志福。						
			志凝，襄垣尉。						

	思恭,峨嵋丞。					
擢。	希倩,光州刺史。					
	珪,漢州別駕。					
	海字巨元。			添字益源,祕書丞。		
	建子。	銓。		銑。	銳。	邁字遐舉,黃巖令。
	台老,明經及第。	寶子。	馬老。			知魯。

知蘊字積中，蜀王諮議。					
愼微字表仁，吉州長史。			璆，范陽丞。	昌禹，山南東道節度推官、試大理評事。	彥規。
章。	融。	彥範。		瓚。	

		逸字從綱。之，平望戍副。			迺字匡忍，常選。		
知進，肅清簿。	知綬，眞鄉令。		縞。	進。	師適。	師達。	師逸。

				檢字德中，檢校刑部尚書、琅邪郡子。		
師遂。	師述。	師逞。	師造。	昌嗣。	昌裔，上虞令。	淶字瀑源，會稽令。
				給字執中，壽州法曹參軍。		紳，寧國令。

								知古。			
								希古。			
						湯，南宮令。					
	續字方紹，愔。羅川令。		延瑋。								
			延祚。								
			延肅。								
			延之。								
	續字方節，思敬。越王府法曹參軍。		海雲。								

綝字方慶，相武后。					
晞字光烈，鄜州刺史，襲石泉侯。					
俌字靈龜，定州刺史。					
濡，膳部員外郎、黃州刺史。					
牧，涇陽尉。	源茂，榮州刺史。		遂，沂海觀察使。		長文，禮賓使。
	瓘，左衛兵曹參軍。		新豐，蓬州刺史。	果，鳳翔府參軍。	早，大理丞。
	晉。	存。			

澄，洋州刺史。				
造，太子諭德。				
	昇，舞陽尉。	晟，明經及第。	暭，福建觀察推官。	昶，太子詹事。
				仲鸞，徐州節度判官。

								沐，御史中丞。
迺，淄州刺史。			逵，殿中少監。			邁，淄州刺史。	迟。	源上，華陰令。
鉽。	鎬。	鎔。	鍊，祕書省正字。	錫。	鏄。			

		淮，御史中丞。			濟，尙衣奉御。
源長，渭南令。	源通，衞佐。	子文，平山尉。	子西，恆州參軍。	子尙，恆山令。	源永，澧州參軍。

		潤，杭州別駕。					沼，集州刺史。
	源中，字正蒙，天平節度使。	遇，著作郎。					魯卿。
應。	擢，字嵒臣。		賈。	贄。	賀。	寶。	質，偃師丞。

							澗，汝州長史。
		敬元，散騎常侍。	逢元。	迪。	適，侍御史。	高，安邑尉。	源植，福建觀察使。
叔鳳。	叔鸞。				季羽。	希範。	愿，襄邑尉。

賜，永城尉。

恪，同州參軍。

愼。

惎。

憬。

柷字不耀，給事中。

源會，絳州司馬。

					源端，溫令。	懽，湖州文學。					
					源蒙，四門助敎。						
					退思，晉陵丞。						
			侁，舒州刺史。	漪，衞尉丞。							
				泛。	邈，徐城令。	師貞。					
				湙。	源謙。						
					源評。	脩禮。					
					源誠。						

晦字光遠，冀王執仗。	曒字光輔。			
休，以晦再從弟睿子繼，澱水令。	寵。			
	仲連，揚府錄事參軍。			
	紹。			
	瑍，相肅宗。			
	及，中書舍人。			
	鐬字聲仁，右諫議大夫。			鍼字公禦。
	搏字昭逸，相昭宗。			莓。
	倜字垂光，鄠尉，直弘文館。	倓，河南府文學。	倫，校書郎。	參字內魯。

損字中禮。

拯字蘊華。

乂。

宰，國子司業。

嗣宗。

汝。

衆。

嗣昌。

嗣端。

士則，挽郎。

				晊字光賓，監察殿中侍御史。			
				寰，河東丞。		寂。	寧。
嗣源，饒州參軍。	嗣恭。	師寶。	平子。	嗣立，晉州參軍。	源潔，建昌尉。	嗣文。	仲文，義烏尉。
							忠君，溧陽丞。

	曄，殿中侍御史。	晈字光庭，明威將軍。						
	僎，挽郎。	份，咸陽令。		侑，臨汾尉。				
仲武。		復，奉天尉。	河。	和。			雄。	溥。
		宗卿，分寧丞。	孺卿，好畤令。	道固。	元貞，管城令。	孝源。		源矩。
		麗。						

					⿰口豈字光範，明威將軍。				
				侗，大理主簿。	俶，荊州刺史。		傑。		
	濤。			佛奴，虔州刺史。	金刀。	鼎子。	現。		
源明。	源孚。	源采。	源芳。	源旭。			源奕。	源奭。	

			昕字光業，忠王司馬。	暐字光緒，萬州司馬。						
	儀。			佺，金牛令。						
	灩。	貞。		和及。			和友。			
源爽。	天養。			冕。	冠。	求。	罕。		覓。	
							亭。	謝老。		

								緄字方操。
					暉字光嗣，安化郡司馬。			令賓，商洛丞。
		佋，睦州司馬、祁縣男。		洞玄，金州司馬。	佖。	伸。	佶。	
		澈。	湜。	彭。				
覺。	寬。							
	相老。							

輝遠。

延客，姑臧尉。

弘度字承宗。

弘仁字嗣宗。方誕。

方寔。

弘義字林宗，荆王屬。方諝，海州錄事參軍。昚，宋州參軍。

弘訓字孟宗。方茂。

方智，戶部郎中。						
固忠，雒丞。	固基。	固信。	固貞，胙城令。	固業，涼州司倉參軍。	固廉，隴州參軍。	固己，單父令。

弘道字玄宗，丹徒令。	
弘藝字延宗，膳部郎中。	方壽。

正字士則，晉尚書郎。三子：廙、曠、彬。彬字世儒，尚書右僕射、肅侯。二子：彭之、彪之。彪之字叔武，尚書令，謚曰簡。二子：越之、臨之。臨之生納之，皆御史中丞。納之生准之，字元魯，宋丹楊尹。生輿之，征虜將軍。生進之，梁左衞將軍、建寧公。生清，安南將軍、中盧公。生猛。

猛字世雄、初名勇，東衡州刺史、應陽成公。	繕，隋普州刺史。

纘，鼓旗將軍、楚州刺史。				
德儉字守節，御史中丞、歸仁縣男。				
璿字希琢，相武后。				
大有，左衛中郎。	同人，泗州刺史。	既濟，荆府功曹參軍。	休明，南和尉。	休光，博州別駕。

		續，吏部郎中。			
		德素，閬州刺史。			
		鼎，工部員外郎。	豫，屯田郎中。	瑜字希瑩，侍御史。	瑤，右驍騎將軍。
休名，相州刺史。	休言，解令。				

德本，西臺舍人。					
撝，右衛將軍。					
承慶，駙馬都尉。	承先。				
	重華，左拾遺。	蕭，左司員外郎。	重明。		
			拱，虞部郎中。	權，國子祭酒。	
				申伯。	貞伯。
				莘，司勳郎中。	葆，字禮羽。

									師甫，江西觀察使。		
									藩，戶部郎中。		
									堯。		
							楷，虞部郎中、右庶子。				

太原王氏出自離次子威，漢揚州刺史，九世孫霸，字儒仲，居太原晉陽，後漢連聘不至。霸生咸，咸十九世孫澤，字季道，鴈門太守。生昶，字文舒，魏司空、京陵穆侯。二子：渾、濟。渾字玄沖，晉錄尚書事、京陵元侯。生湛，字處沖，汝南內史。生承，字安期，鎮東府從事中郎、藍田縣侯。生述，字懷祖，尚書令、藍田簡侯。生坦之，字文度，左衛將軍、藍田獻

侯。生愉，字茂和，江州刺史。生緝，散騎侍郎。生慧龍，後魏寧南將軍、長社穆侯。生寶興，龍驤將軍。生瓊，字世珍，鎮東將軍。四子：遵業、廣業、延業、季和，號「四房王氏」。

大房王氏：

遵業，黃門郎。			
長明。	松年，北齊黃門侍郎、高邑平侯。		
	邵字君懋，隋祕書少監。		
	孝京，揚州司馬。		
	子奇，青州司戶參軍。		
	慶賢，美原丞。		
	光謙，淮陰令。		
	翊，吏部侍郎。		
	重，河東令。		
	文仲，王屋令。	君仲。	衆仲，衢州刺史。
			淙。
			鎬字仁固。

				翺，陽翟尉。
		倉，兼御史中丞。		勳。
		叔仲。	敬仲。	
凝，字成庶，一字致平，宣歙觀察使，謚貞。	洧。		寡言。	
鏞，字中御。	鉅，字弘獻。		鍇，字豐祥。	

	翃字宏鼐。肱，東都留守，謚肅。		向，上邽尉。
堪，定陵令。		正雅，山南東道節度使，謚忠惠。	
聰。			
溥字德潤，相昭宗。			

							孝柔。
						子眞，行臺倉部郎中。	
	慶祚。	慶符。		慶詵。	慶玄。		
					光復。		
翻，太子僕。		令元。			邕，金部郎中。		
鼎。		華，水部員外郎。	申。		篆。		
		譪字望之。					

		規。	大觀。	同人，亳州刺史、光祿少卿。	守忠。	愛景。					
						思訥。	子遂。				
							自勉。				
						仲璋。	佇。				
					翁慶，士曹參軍。	日新。					
			元方。	約。	履仁，吏部員外郎。	省躬。					
		柬。									

第二房王氏：

廣業，後魏太中大夫。	野父，北齊膠州刺史。	君儒，御史中丞。	孝幹。	康壽，集州刺史。			瀚，長安尉。
				玄壽。			
				乾壽。			
				神壽。			
			孝倫。	仁表，祠部郎中。			
				嶔，司勳郎中。			
			孝遠，中書舍人。	崇。			
				凝。			

友札，安陸令。						
玄道，桃林令。	元鼎。	世鼎，國子主簿。				
		邈，梁州司馬。				懷讓，杭州司倉參軍。
		彧。	簪；徐州刺史。	佶，祠部郎中。	璡。	
			益蒙。		衡。	
					魯。	
					振字文	飛。

					師丘。			
	大鼎，濟源令。		神鼎。		道賓。			
懷禮，咸寧丞。	方輿。	禔。	志仁。		仙客，太常博士。			
		滂。	鄭卿，殿中侍御史。		頊，冀州刺史。			瑒。
			達，揚州司戶參軍。		鈞。	釗。		鐸。
						闞。	闐。	

季貞。						
惠孚。						
溫之。						
暹。	昇，陽父尉。					昱，武城尉。
	曙。	暐。	晛。	晤。		
鎰。				鎡。		
				愔字韶之。	慥。	
				渙字羣吉。	滌字用霖。	

河東王氏：

儒賢，趙州司馬。	知節，揚州司馬。	冑，協律郎。	處廉，汾州司馬。	維字摩詰，尚書左丞。							
				縉字夏卿，相代宗。							
				繟，江陵少尹。							
				紘。							
				紞，太常少卿。							

烏丸王氏：霸長子殷，後漢中山太守，食邑祁縣。四世孫寔，三子：允、隗、懋。懋，後漢侍中、幽州刺史。六世孫光，後魏并州刺史。生冏，度支尚書、護烏丸校尉、廣陽侯，因號

「烏丸王氏」。生神念。北齊亡，徙家萬年。

神念，梁冀州刺史、壯侯。

僧辯，太尉、永寧公。

顗，侍中、樂陵守。

琰。

閎。

思泰字知約，鄭州刺史。

美暢字通理，司封郎中、薛公。

昕，司農卿、薛公。

警，渭州刺史。

翼，盩厔令。

弼，長安丞。

玢，符璽郎。

	珪字叔玠，相太宗。				
	崇基，主爵員外郎。				
	體仁，朝散大夫。	尙逸字伯夷，定州長史，襲公。	齊望，通州刺史。	茂時。	
			旭，左司郎中。	光大，司勳郎中。	燾，給事中。
輝，千牛。					遂，大理少卿。

			僧修。		
		頍。	景孝，隋屯田侍郎。		
		遵，工部員外郎。	詮，汾州刺史、歙縣男。		
	敬直，南城縣男。		文濟，給事中。		
		齊休，倉部郎中。	仁忠字嶷，右衛長史。 揖，左千牛將軍。		
				嵩，尙衣奉御。	崑，司農寺主簿。
遵，蘇州刺史。					

					文洎。
		労。	專。	崟，懷州刺史。	仁皎字鳴鶴，特進、祁昭宣公。
崇，京兆府參軍。	岩。			礎，黔中觀察使。	守一，太子少保。

冏五世孫元政。

元政，幽州別駕。			
實，安吉令。			
祚，青州司馬。			
晃，溫州刺史。			
沼，禮部郎中。	潔，國子司業。	涯字廣津，相憲宗、文宗。	
		孟堅，工部郎中、集賢院學士。	仲翔，太常博士。

中山王氏亦出晉陽。永嘉之亂，涼州參軍王軌子孫因居武威姑臧。五世孫橋，字法生，侍御史、贈武威定王。生叡，封中山王，號「中山王氏」，後徙樂陵。

叡字洛誠，後魏尚書令、中山宣王。	襲字元孫，吏部尚書、中山惠王。	忻，散騎常侍、肆州刺史，謚曰穆。	子景，北豫州司馬。	元季，隋大中正、開府儀同三司。	有方，岷州刺史。	行果，長安尉。	晙，相玄宗。		殷任，太原少尹、易州刺史。
							曒，永壽令。		
			眞，葉令。	怡，戶部侍郎。					

汾州長史王滿，亦太原晉陽人，生大璡。

大璡，嘉州司馬。	昇。

昪，咸陽令。				
恕字士寬，揚府倉曹參軍。				
播字明敭，相文宗。		起字舉之，魏郡文懿公。		
鎮，祕書丞。	冰，京兆府參軍。	式，武寧節度使。	龜字大年，浙東觀察使。	
			蕘，右司員外郎。	
			權。	定保字翊聖。

檀字秀山。

鐐字德耀，汝州刺史。

蘋字玄禮。

鑄字台臣。

炎字逢時，太常博士。

鐸字昭範，相僖宗。

華陰王氏，後徙京兆新豐。

孝傑，相武后。

無擇，左驍衞將軍。

京兆王氏出自姬姓。周文王少子畢公高之後，封魏，至昭王彤，生公子無忌，封信陵君。無忌生閒憂，襲信陵君。秦滅魏，閒憂子卑子逃難于太山，漢高祖召爲中涓，封蘭陵侯。時人以其故王族也，謂之「王家」。卑子生悼，悼生賢，濟南太守，宣帝徙豪傑居霸陵，遂爲京兆人。賢七世孫黨，上郡太守。卑子九世孫遵，字子春，後漢河南尹、上樂莊侯。遵生魴，魴孫康，康生諶，諶生鵠。魴別孫景，生均、忠。均八世孫羆，至易從徙居汲郡。

羆字羆後，魏雍州刺史、萬年忠公。			
慶遠，直閤將軍。		明遠，周司金上士。	
逖字長安，隋柱國、龍門莊公。		壽，隋州都七職主簿。	
		喆，河西令。	
無畏，都官郎中。	儼，工部侍郎。	慶，浦州長史。	
		易從，揚州刺史。	
		賓。	寔。
	懷清。		

				敬從，右庶子。
宥。	密，越州刺史。	定字鎮卿，太子右庶子、集賢院學士。		寥，右驍衞錄事參軍。
	行古。	逢，殿中侍御史。	仲周，攝監察長史。	
	收字種德。			
	超字子榮。			

	A	B	C	D	E
1					
2					
3					
4					
5					
6	擇從，京兆士曹參軍、麗正殿學士。			朋從。	言從。
7	察，連州刺史。				
8	自立，緱氏令。				
9	徽字昭文，相僖宗。				
10	椿。	樗。	松字夢禎。		
11					
12					
13					

忠七世孫直。

1	直，瓜州刺史。
2	
3	
4	承家，都官郎中。
5	
6	滔，果州刺史。
7	何，丹王傅。
8	
9	
10	
11	
12	
13	

武宣，岳州刺史。				長諧。	
德本，鄧州刺史。	德眞，相高宗、武后。			德玄，倉部郎中、唐州刺史。	
	九思，三原令。			九功。	九言，駕部郎中、并州司馬。
	潛，告城令。	坦。	裔。	沖之，度支郎中。	

士會，陸渾某，寧王掾。
令。

王氏定著三房：一曰琅邪王氏，二曰太原王氏，三曰京兆王氏。宰相十三人〔一〕。琅邪有方慶、璵、摶、璿；太原有溥、縉、珪、涯、晙、播、鐸；京兆有徽、德眞。

魏氏出自姬姓。周文王第十五子畢公高受封於畢，其後國絕，裔孫萬爲晉獻公大夫，封於魏，河中河西縣是也，因爲魏氏。萬生芒、季。季生武子犨。犨生悼子。悼子生昭子絳。絳生嬴。嬴生獻子舒。舒生襄子曼多。曼多生文子須。須生桓子。桓子孫文侯都。都生武侯擊。擊生惠王罃。罃生襄王嗣。嗣生哀王。哀王生昭王。昭王生公子無忌。孫無知，漢高梁侯。生均。均生恢。恢二子：伯倫、彥。彥字叔倫，張掖太守。生歆，字子胡，鉅鹿太守，初居下曲陽。二子：愉、悅。愉字彥長，侍中。生宙，字惠開，平原郡守。生紹。曾孫宣，北海公。孫紞。二子：儔、植。儔爲東祖，植爲西祖。儔孫藪。三子：儵、意、暨。意裔孫士廓。

士廓，隋治書侍御史。						
乂，濮陽令。						
玄同字和初，相武后。						
愔，著作郎。					懔，御史主簿。	
長裕，河南法曹參軍。			季隨，膳部郎中。	季邁，長安尉。	方回，淄、青二州刺史。	方進，御史大夫。
充。	霓。	尤。				元。
						叔正，兼監察御史。

一	二	三	四	五	六
					循，郴州刺史。
				廣業，昇州刺史。	甫。
			恬，鄭州刺史。	嶠。	黃裳，開州刺史。
			協。		
			確，司議郎。		

館陶魏氏本出漢兗州刺史衡曾孫珉，始居館陶。珉孫彥。

一	二	三
彥字惠卿，後魏光州長史。	釗字顯義，義陽太守、陵江將軍。	伯胤。

長賢，北齊屯留令。						
徵字玄成，相太宗。						
叔玉，光祿少卿。	叔瑜，職方郎中。	叔琬。	叔璘。			
膺，祕書丞。	華，禮部侍郎。			殷，汝陽令。		
	瞻，駕部郎中。			明，監察御史。		隋，蓬州刺史。
				憑，獻陵臺令。		
				謩字申之，相宣宗。		
				潛字蘊華。	滂，殿中進馬。	
				敖。		

德振。

萬，兼御史中丞。

宋城魏氏：

元忠，相武后、中宗。

昇，太僕少卿。

晃。

鹿城魏氏：

知古，相玄宗。

喆，延安太守。

	毖，陽安太守。
	林，朔州刺史。
	珏，鴻臚少卿。
	曜，贊善大夫。

又有魏盈之族：

盈。	昌。	扶字相之，相宣宗。	謩字守之，刑部侍郎。

魏氏宰相六人。玄同、徵、謩、元忠、知古、扶。

温氏出自姬姓。唐叔虞之後，以公族封於河內温，因以命氏。又郤至食采于温，亦號温季。漢有温疥，封栒侯，謚曰順。生仁，仁子何，始居太原祁縣。何六代孫序，字次房，後漢護羌校尉。二子：壽、益。壽，鄒平侯相。益字伯起，兗州刺史。生恕，孫恢，魏揚州刺史。生濟南太守恭。恭二子：羨、憺。憺，晉河東太守。生嶠，字太眞，江州刺史、始安忠武公。從子楷，隨桓謚奔于後魏。兄孫奇，馮翊太守。曾孫裕，太中大夫，生君攸。

君攸，隋泗州司馬。	大雅字彥弘，禮部尚書、黎孝公。	無隱，工部侍郎。	克讓。
			克明。
			晉昌。
		釋胤，坊州刺史。	

景倩，南鄭令。			
信字輔國，太常丞。			
邈。	造字簡輿，河陽節度使、禮部尚書、祁縣子。		遜。
	瑄字子候。	璋，京兆尹、檢校吏部尚書。	

彥博字大臨，相太宗。							
振，太子舍人。							
翁歸，庫部郎中。							
緬。	續，閬州刺史、虞公。			續。	纘。	紹。	緘。
	晧。	晈。	曦，太僕卿、駙馬都尉。			早，道州刺史。	
			西華，祕書監、駙馬都尉。				
			瑒。				

					彥將字大有，中書侍郎、清源敬公。
			挺，延州刺史、駙馬都尉。		瓚。
	翁念，太僕少卿。	翁愛。	常節。		焯。
絢，比部員外郎。			履言，左羽林軍將軍。		
			冬日。	光嗣。	

		瑜，祠部郎中。	瑾。	璩，職方郎中、陝州刺史，		
煒。	炫。			延賞，陳州刺史。	愼徽，鄭州刺史。	道沖，和州刺史。
						任。
						袞。
						初，國子主簿。

佐。	侁。

温氏宰相一人。彥博。

戴氏出自子姓，宋戴公之孫，以祖父謚爲氏。至漢信都太傅戴德，世居魏郡斥丘。裔孫景珍。

景珍，後魏司州從事。	
胄字玄胤，相太宗。	仲孫。
	至德，相高宗。
	良紹。

戴氏宰相二人。胄、至德。

侯氏出自姒姓。夏后氏之裔封於侯，子孫因以爲氏。一云本出姬姓，晉侯緡爲曲沃武公所滅，子孫適於他國，以侯爲氏。鄭有侯宣多，生晉。漢末徙上谷，裔孫恕爲北地太守，因家于北地三水。四世孫植，從魏孝武西遷，賜姓侯伏氏，又賜姓賀吐氏，其後復舊。

植字仁幹，周驃騎大將軍、肥城節公。		君集，相太宗。									

侯氏宰相一人。君集。

岑氏出自姬姓。周文王異母弟耀子渠，武王封爲岑子，其地梁國北岑亭是也。子孫因以爲氏，世居南陽棘陽。後漢有征南大將軍、舞陽壯侯岑彭，字君然。生屯騎校尉、細陽侯遵。遵曾孫像，南郡太守。生晊，字公孝，黨錮難起，逃于江夏山中，徙居吳郡。生亮伯，亮伯生軻，吳會稽鄱陽太守。六子：寵、昏、安、頌、廣、晏。後徙鹽官。十世孫善方。

善方，梁起居舍人、尚書、長寧公。	之象，邯鄲令。	文本字景仁，相太宗。	曼倩，雍州長史、襲公。	獻，國子司業、梁公。		定，淮南節度判官。					
						弘，太子通事舍人。					
						通，太常寺太祝。					
						至，祕書省校書郎。					

		羲字伯華，相中宗、睿宗。	仲翔，太子中允、陝州刺史、博望公。	仲休。
		敷。	賁字明叡，右驍衛倉曹參軍。	尹，著作郎。
靖，復州刺史。				
融，忠州錄事參軍。	玢，晉州別駕。			

		景倩，麟臺少監、衞州刺史、昭文館學士。	
		植，仙、晉二州刺史。	
昃，葉丞。		謂，澄城丞。	況，湖州別駕。
贊，司門郎中、衡州刺史。	質，殿中侍御史。		則，右衞率府兵曹參軍。

			棣，沛令。	楷，安喜令。
參，庫部郎中、嘉州都督〔三〕。	乘，太子贊善大夫。	垂，長葛丞。	臾，眉州刺史。	冬卿，邵州長史。
卓兒。				

		文叔。	
		長倩，相武后。	
椅，監察御史。		靈源。	廣成。
終，吉州刺史。			
横，鳳翔戶曹參軍。	潁，長城尉。		

岑氏宰相三人。文本、羲、長倩。

校勘記

〔一〕宰相十三人　按本卷華陰王氏表載："孝傑，相武后。"與舊書卷六則天紀、本書卷一一一及舊書卷九三王孝傑傳合，此處漏計。

〔二〕參庫部郎中嘉州都督　按全唐文卷四五九岑嘉州集序、唐才子傳卷三岑參傳俱云"出爲嘉州刺史"，非任都督。

唐書卷七十二下

表第十二下

宰相世系二下

張氏出自姬姓。黄帝子少昊青陽氏第五子揮爲弓正，始制弓矢，子孫賜姓張氏。周宣王時有卿士張仲，其後裔事晉爲大夫。張侯生老，老生趯，趯生骼。至三卿分晉，張氏仕韓。韓相張開地，生平，凡相五君。平生良，字子房，漢留文成侯。良生不疑。不疑生典。典生默。默生大司馬金。金生陽陵公乘千秋，字萬雅。千秋生嵩。嵩五子：壯、讚、彭、睦、述。壯生胤。胤生皓，字叔明，後漢司空，世居武陽犍爲。皓生宇，北平、范陽太守，避地居方城。宇孫肥如侯孟成。孟成生平，魏漁陽郡守。平生華，字茂先，晉司空、壯武公。二子：禕、韙。禕字彥仲，散騎侍郎。生輿，字公安，太子舍人，襲壯武公。生次惠，宋濮陽太守。二子：穆之、安之。安之之族，徙居襄陽。

穆之，宋交州刺史。	安之，宋青州主簿。		
弘籍字眞藝，齊鎭西參軍。	弘策字眞簡，梁衞尉卿、洮陽閔侯。		
纘字伯緒，以弘策第三子繼，梁雍州刺史、利亭簡憲公。	紑，後周宣納上士，隋巴州錄事參軍。		
	則，澧陽令。		
	玄弼，益府功曹參軍。		
德政，鄆州都督、范陽公。	柬之字孟將，相武后、中宗。		
	漪，著作郎。		
	愿，吳郡太守、兼江東採訪使。	㥣，左補闕。	緦，荊府倉曹參軍。
	煦，殿中侍御史。		

畛，河南參軍。

某，戶部郎中。

异，大理評事。

嶧。

琪，晉州刺史。

纁。

軆，晉散騎常侍，隨元帝南遷，寓居江左。六世孫隆，太常卿，復還河東，後徙洛陽。生

子犯。子犯生俊，河東從事。生弋。

弋字嵩之，周通道館學士。				
洛。				
隲字成隲，洪洞丞。				
光，國子祭酒。	珪，戶部郎中、懷州刺史。	說字道濟，相睿宗、玄宗。		
	浣。	均字均，刑部尚書、大理卿，襲燕公。		
		垍。	密。	濛，中書舍人、禮部侍郎。

				垍，太常卿、駙馬都尉。			
							琡，給事中。
嵍，洛陽丞。	岩。	渙。	岱。	嵲，瀛州刺史。			

河東張氏本出晉司空華裔孫吒子，隋河東郡丞，自范陽徙居河東猗氏，生長度。

長度，銀青光祿大夫。	俊興，相國府檢校郎將。	思義，成紀丞。	嘉貞，相玄宗。	延賞初名寶符，相德宗。	弘靖字元理，初名調，相憲宗。	文規，桂管觀察使。	彥遠，祠部員外郎。

					諗，主客員外郎。
景初，殿中侍御史。	嗣慶，河南少尹。	次宗，舒州刺史。			師贇，郴州刺史。
天保。	彥脩。	曼容。	彥回字幾之。	茂樞字休府。	

嘉祐，左金吾將軍、相州刺史。	
宏。	

始興張氏亦出自晉司空華之後，隨晉南遷，至君政，因官居于韶州曲江。

守禮，隋澄山丞。				
君政，韶州別駕。				
子虔，竇州錄事參軍。				
弘雅，明經及第。				
處讓。		處玄。		處璆。
餘悌。		意乂。		
濟。		行扶。	附。	
秘。	稔。	景當。		

弘矩，洪州都督府參軍。					弘載，端州錄事。			
昱，初名處欽。				處泰。	處榮。			處茂。
如珽。		如玘。			績，曲江令。			繪。
輔。	友。	穎。	天，湖水主簿。		存。	諸。	護。	
			環。		匪躬。			

						弘顯，戎城丞。			
		處倫。			處閑。	處承。	處龔。		
緬。	緎。	纓。	繼。		隨。		翊，興寧令。		
	偲。		埛。	郁。			察。	循。	
							克脩。	慈明。	克戎。

							思齊。				
							亮。				
						瞻。					
		子胄，剡令。	弘藏。	允齡。	鳳初，容州司馬。	液。	貢。				
							廉。				
							資。				
							聰。				
						冰，登州文學。	元昌。				
					鳳立。	來。	透。				
						淮。	宥。				

					鳳規。	烈。						
					鳳翔。	歡然。	瑾。					
							琛。					
						晧然。	亞之。					
							獻之。					
					鳳匡。	朋。	慎。					
					鳳鶵。	瑩。						
						昇。						
					鳳珽。							
					鳳筠。	潤。	伯堯。					
							敬叔。					
						滿。	鋒。					

	弘毅。									
	軫齡。				擅齡，番禺令。					
	駰。	騤。		揩。	駢。			騄。		
深。		諶。	談。	仲宣。	浼。			仲灣。		
伯川。					俯。	仍。	佶。	玩。	琪。	瑑。

					弘智。			弘愈，索盧丞。	
		澄昱。			處摠。	處琁。	處遲。	九齡字子壽，相玄宗。	
		恁。	恝。					拯，右贊善大夫。	
仲贄。	仲懿。	仲彥。	仲文。	仲儒。				藏器，長水丞。	
可記。								敦慶，袁州司倉參軍。	
								景新。	
								涓，嶺南觀察衙推。	
								千壽。	皓，仁化令。
									課生澄眞。

			鄖，湖南鹽鐵判官。			
			鈞。	道輿。		起，端州司戶參軍。
諷。	謠。	詣。	偉二子：琊、珙。珙二子：文璉、文智。	繼生縮。	太玄。	維四子：贄、璀、嗣宗、居賀。

縉六子：貴英、再英、仲英、韶英、萬英、可英。

景重，洪州都督府參軍。

焴，歸善令。

廷傑。

涉二子：璲、璀。璲二子：光敏、光濟。璀生文範。

渥生琇。琇生元吉。

淪三子：琮、瓊、璨。琮二子：乾用、利用。瓊二子：克柔、克已。璨生榮。

沼二子：珽、瑀。珽二子：隆、鉉。瑀生亨。

	燿，樂昌令。	
	瞻，滇陽丞。	
洪二子：珣、瑛。珣生克從。瑛四子：錫、祐、休、鑄。	文達。	文曜，三子：威、騫、和。威生怡，騫生士衡。

文嵩，監東太倉，三子：允恭、允明、化璘。允恭生廉，允明生士調。

九皐，殿中監、南康縣伯。

捷，端州刺史。

仲通，潮陽令。

季延，平樂令。

顒。

喬。

希範。

						仲連。	季質。				
					擢，右金吾兵曹參軍。	仲師。					
					拱。	仲慰，樂昌令。	勳。				
						仲熊，端州錄事參軍。	季長。				
							季重。				
						仲寧。	季康。				
						仲傪。					
						仲餘。					

攜,昭州刺史。	抗,朔方行軍司馬、檢校戶部郎中。		
仲友。	仲建,平樂令。	仲端,都昌令。	
肅,晉康主簿。	璠。	珂。	雄。
景思,陽江主簿。	九思。	幼之。	

仲膺，嶺南節度判官、殿中侍御史。	仲宗，義興尉。			仲謩，江都令。
	嘉穎，遂昌丞。		可復，潮陽主簿。	師老，永康令。
	遵業，雷鄉主簿。		欽。	紹儒，明經及第。
	嶰，太子中舍。			
	頡，侍御史。			
	璞，端州錄事參軍。	璉。		

仲方字靖之。秘書監、曲江成伯。

孟常初名景宣，右清道率府胄曹參軍。

茂宣，太原節度掌書記。

克儉，戎城主簿。

綺，梧州刺史。

崇紀，宜州軍事推官。

瑞，仁化令，二子：文倚、文蔚。

文倚，二子：採、授。

文蔚，二子：揆、操。

澤三子：綝、緒、纁。綝二子：忠順、忠璨。緒生忠謂。纁二子：忠治、忠晟。

瀾四子：玓、珣、瑗、璣。玓三子：惟正、惟吉、惟聰。珣二子：惟稔、

	仲孚，監察御史、廣州節度判官。		
	叔敖，信安尉。		
	鋋。	隋。	晏，韶州判官。
		難老，	
惟辟。璦生惟德。璣二子：惟克、惟哲。			

繼文，韶州司法參軍。			溫其，絳州刺史。	溫士，刑部郎中。
智。	傚，韶州司倉參軍。	忠，明經及第。		
桂。				

		哲。	捍，建陽令。			
	仲本。	仲威。	仲寬。			幼挺，初名仲舉，陳許節度副使。
德璘，太原少尹、御史中丞。			閏。		貞。	復魯字敦古，度支郎中。
			勝。	斂。		演，初名球。

							珹。			
						復珪字環中，諫議大夫。				
					仲道。					
				掞。	仲宇。					
					仲楚，浦尉。	漳濱，韶州鹽場巡官。				
					仲清。					
					仲丹。					
					仲則。					
					仲綽。					

				九章，鴻臚卿。				
	拔。			招，大理評事。			據，金華令。	
仲僧。	敬唐，詔州錄事參軍。	敬直。	敬寬。	諶。		謅。	管。	倚。
				復。	至。	和。		

授，陽川主簿。	操，沂州司馬。	擴。	授。	搆。		採，雷州刺史。		
仲誼。				易簡。	易從。	克恭，河源令。		
璨。				諲。		希虞，潮州錄事參軍。		希璧。
						齊彥。	齊穎。	

克和，戎城主簿。		克讓，新州司馬。			克紹，正議令。			
汝弼，賀州軍事判官。	用晦。	璡，永順令。	瑤。	仍裕。	袞，如和令。			
師迎。	桃符。	思猷。			鍛。			
					溫卿。	溫裕。	溫彥。	溫業。
					道昭。			

	九賓。						
括。	捨，江都丞。			撫，懷州參軍。			抃，豐城令。
	仲恭，袁州錄事參軍。			仲修，	仲嗣，永平令。		仲雍，都城令。
	汝翼。		汝亮。		講。	譜。	
	珩。	球。					

					挹。	士檢。					
						仲綱。					
						仲綽。					
					揩，程鄉令。	衢，恭城主簿。					
						術。	珏。				
							璠，封川主簿。				
						銜。					
		子卿。	欽璟。	震。	諷。	曼。					
					誼。	璨。					
			欽瑒。								

子冲。				子蓍。	子猷。
弘讓，循州錄事參軍。			弘驥。	弘衍，崖州錄事參軍。	弘胤。
庭訓。		庭貴。	庭秀。	庭逸。 釗。	欽尃。
緒。			璀。		振。
璨。	玲。				說。

馮翊張氏本出後漢司空皓少子綱，字文紀，後漢廣陵太守。曾孫翼，字伯恭，蜀冀州刺史。子孫自犍爲徙下邽。

德言，龍州刺史。
榮。
仁愿，相中宗。
之輔，金吾將軍。
通儒，事安祿山。

				知微初名通幽，倉部郎中。							

吳郡張氏本出嵩第四子睦，字選公，後漢蜀郡太守，始居吳郡。裔孫顥，齊廬江太守，生紹。

紹，梁零陵郡太守。	沖字叔玄，隋漢王侍讀。	後胤字嗣宗，國子祭酒、新野康公。	震，左衞靈池府折衝都尉、富陽縣公。						
			濟。						
			謙。						
			巽。						

律師，王府諮議參軍。					小師，朱陽令。
繼本，泗州刺史。	義方字儀，邢州刺史。	承訓，博州刺史。	承纘，將作少匠。		承休，恆州長史。
	府上，朔方節度使、東京留守。			珦，吏部郎中。	
	鎰字季權，相德宗。			繽，度支員外郎。	

	統師，金部郎中。	豐仁，庫部郎中。	彥師，駕部、職方二郎中。	瑾，武德令。	道師。
成繪，邢王府長史。				清朝，試大理寺丞。	
瑄。				舟，安南都護、武城縣男。	

清河東武城張氏本出漢留侯良裔孫司徒歆。歆弟協，字季期，衞尉。生魏太山太守岱，自河內徙清河。曾孫幸，後魏青州刺史、平陸侯。生準，東青州刺史，襲侯。生靈眞。生彝，隋末徙魏州昌樂。

彝字慶賓，後魏侍中、平陸孝侯。			
始均字孝衡，光祿卿、平陸孝侯。			
晏之字熙德，北齊兗州刺史、恭公。			
虔威字元敬，隋江都贊務。			虔雄，隋陽城令。
		文璹，刑部員外郎。	文禧，常熟主簿。
詢古，吏部侍郎。	詢孝，太僕少卿。		某，昌樂令。
談，考功郎中。			某，河西行軍司馬。
	縑，遂州刺史。		雲字方慶，桐城令。
			宇，揚州戶曹參軍。

				文瓘字稚圭，相高宗。	
洽，魏州刺史。	沛，同州刺史。		潛，揚州長史。	湋。	
宥，揚州長史。	成綺，金吾將軍。	夰，杭州刺史。	寬，庫部郎中。		
袞，虢州刺史。					
載華，兼御史中丞。					宷，秘書省校書郎。
正則。					
知實字冠仁。					
保望字渭叟。					

				文琮，吏部侍郎。	
	涉，殿中監、汴州刺史。		沖字孝源，介休令。	戩，江州刺史。	挹，比部郎中。
	鵰，陸渾丞。	士矩，右司郎中。			
褒。					

					錫，相武后、溫王。		惟一，華州刺史。		
						寂，司勳郎中。			
				文收，太子率更令。	孝詢，太常少卿。				

河間張氏，漢常山景王耳之後，世居鄚縣。後周有司成中大夫、虞鄉定公張羨，賜姓叱羅氏。生照，照字士鴻，隋冀州刺史，復爲張氏。三子：惠寶、惠瑤、惠珍。

惠寶，隋絳丞。									
惠瑤，瓜州司馬。	祖政，杭州刺史。	晤，懷遠令。							

			惠珍。			
祖令，巫州刺史。						
處沖。	處訥。	處珣。	約。	通，曹州刺史。		
				寂。		
				游藝，遂州別駕。		
				昇。		
				參，國子司業。	絢，房州刺史。	績，京兆司錄參軍。

兌。			豐，侍御史。
綢，蘭溪令。			
君卿，正字。			
禓字公表，天平節度使。			
文蔚字在華，相哀帝。	濟美字舜舉。	貽憲字去華，戶部巡官、集賢校理。	

			孝開，蒲州刺史。	
			知久，洪州都督。	
			栖貞，汝州刺史。	震，江西採訪使、洪州刺史。
			感。	
			應，安南都護。	
			仲素，中書舍人。	
			鐸字司振。	
沆。	泳。		濬字禹川，相昭宗。	
林字徵之。	偘字樂聖。	播，右拾遺。	格字承之，太學博士、直弘文館。	

仲連。

幼藺。

季眞。

季遐。

賓庭，洛陽尉。

風力，扶溝令。

蘄，通州刺史。

中山張氏出漢北平文侯倉之後，世居中山義豐。

長諧。

行鈞。

希臧，雍州司戶參軍。

昌期，岐、汝二州刺史。

昌儀，司府少卿。

				行成，相太宗、高宗。	
			魯客，長安令。	洛客。	
同休，司禮少卿。	易之，麟臺監、恆公。	昌宗，司衛卿、鄴國公。		翁喜，陳州刺史。	彥起，司封郎中。

梁客，吏部郎中。

魏郡張氏世居繁水。

公謹字弘愼，襄州總管、鄒襄公。			
大象，戶部侍郎。	大素，給事中。		大安，相高宗。
	悱，國子司業。		洽，左金吾將軍。
		翽，汲郡長史。	之緒，都官郎中。
			塈。

	涚，同州刺史。		浚，侍御史。
	臻，秘書少監。	揆。	
塾。			之續。

汲郡張氏世居平原。

善見，越州司馬。
武定，荊州戶曹參軍。
知古，代州司功參軍。
鎬字從周，相肅宗。

鄭州張氏：

亮，相太宗。愼微。

張氏宰相十七人〔一〕。柬之、說、嘉貞、延賞、弘靖、九齡、仁愿、鎰、錫、文瓘、光輔、文蔚、濬、行成、大安、鎬、亮。

馬氏出自嬴姓，伯益之後。趙王子趙奢爲惠文王將，封馬服君，生牧，亦爲趙將，子孫因以爲氏，世居邯鄲。秦滅趙，牧子興徙咸陽，秦封武安侯。三子：珪、璪、嵩。嵩生遜，字貞惠，漢太子大夫、平通侯。生櫂，爲寧東將軍。三子：何羅、通、倫。通字達，黃門郎、侍中、重合侯，坐何羅反，徙扶風茂陵成懽里。生賓，議郎、繡衣使者。三子：慶、昌、襄。昌生仲〔二〕，玄武司馬。四子：況、余、員、援。余字聖卿，中壘校尉、揚州牧。二子：嚴、敷。嚴字威卿〔三〕，後漢將作大匠。七子：固、伉、歆、鱄、融、留、續。歆十一世孫默，十二世孫岫。

默，後魏雍州持中。				
思歡。				
祚。				
仲緒，隋荊府長史。				
匡武，瀛州刺史。	匡儉。			
	克忠，洛陽尉。			
	搆，駕部員外郎。	措。	擇，兵部員外郎、河間太守。	
			昔。	署。
				逢，兼監察御史，

岫字子岳，後周荊州刺史、扶風肅公。				
喬卿，梁襄州主簿。				
君才，右武候大將軍、南陽郡公。				
珉，萬歲令。				
季龍，嵐州刺史、大同軍使。				
炬。	炫字弱翁，一字抱元，刑部侍郎。			燧字洵美，相德宗。
當，右諭德。	陶，太子中舍。			稟，太僕少卿。
	賓。	慶。		赦，左衛倉曹參軍。
		巢。	儉。	

歘，右清道率府倉曹參軍。

暢，少府監。

繼祖，殿中少監。

懿，均州刺史。

扶風馬氏：

嚥。

植字存之，郁。相宣宗。

儔字後已。

茌平馬氏，北齊有茌平令暹，因家焉。

暹。			
瑗，本郡戶曹從事。			
周字賓王，相太宗。			
載，尚書左丞、吏部侍郎。			恂，河南令、丹州刺史。
觀。	覬，吏部郎中。		
	元振。	元拯。	

馬氏宰相三人。燧、植、周。

褚氏出自子姓。宋共公子段，字子石，食采於褚，其德可師，號曰「褚師」，生公孫肥，子孫因爲褚氏。漢梁相褚大，元、成間有褚先生少孫；裔孫重，始居河南陽翟。裔孫招，安東將軍、揚州都督、關內侯。孫䂮，字武良，晉安東將軍，始徙丹楊。五子：頠、說、洽、裕、祥。洽，武昌太守。生征討大都督、都鄉元穆侯裒，字季野。二子：歆、熙。歆字幼安，祕書監。生爽，字義弘，會稽王諮議參軍。爽五子：秀之、粹之、陟之、裕之、淡之。秀之字長倩，宋太常。四子：儁之、湛之、貞之、法顯。

法顯，宋鄱陽太守。	
炫字彥緒，齊安成王師，謚曰貞。	
漢，梁御史中丞、中書侍郎。	
象，太子舍人。	
玠字溫理、陳御史中丞、掌東宮管記。	
亮字希明，左散騎常侍、陽翟康侯。	
遂賢，鄃王友，襲侯。	
秉藝，永州司功參軍。	
璆，吏部郎中。	琇，給事中、常州刺史。

	遂良字登善，相高宗。				
	彥甫，秘書郎。				彥沖，城門郎。
珣，京兆士曹參軍。	僑。	休。			倫。
元方，大理評事。					
			五世孫虔。	七世孫軺。	

			遂功。	逢年。	
	彥季。			鳴鶴。	鳴謙。
儼。	松，司農少卿。				

褚氏宰相一人。遂良。

崔氏出自姜姓。齊丁公伋嫡子季子讓國叔乙，食采於崔，遂爲崔氏。濟南東朝陽縣西北有崔氏城是也。季子生穆伯。穆伯生沃。沃生野。八世孫夭生杼，爲齊正卿。生子成、子明、子彊，皆爲慶封所殺。子明奔魯，生良〔四〕，十五世孫意如，爲秦大夫，封東萊侯。二子：業、仲牟。業字伯基，漢東萊侯，居清河東武城。生太常信侯昱。昱生襄國太守穆侯紹。紹生光祿勳嗣侯雅。雅生揚州刺史忠。忠生散騎常侍泰。泰字世榮，始居歙縣。二子：恪、景。恪，丞相司直，生郡功曹殿。七子：雙、邯、寓、金、虎、蕃、固。雙爲東祖，邯爲西祖，寓爲南祖，亦號中祖。寓四世孫林，字德儒，魏司空、安陽孝侯。曾孫悅，前趙司徒、左長史、關內侯。三子：渾、潛、湛。湛生顗，後魏平東府諮議參軍。生蔚，自宋奔後魏，居滎陽，號鄭州崔氏。

蔚，後魏郢州刺史。		
遲字元欽，武川鎮都督、武津縣公。		
瓚字紹珍，兼尙書左丞。		慶賓。
茂字祖昂，襲武津縣公。		
		神鼎，亳州刺史。
	玄覿，吏部員外郎。	克讓，晉州刺史。

	幼，字季陽，後魏永昌郡守。			
	彥珍。	景茂。		彥璋。
		士憲，益州行臺兵部尚書、普安公。		
				公禮，泗州刺史。
			元弈，秋官郎中。	
貞固。		叔瑜，吏部郎中。		
廣，眉州刺史。	何，朗州刺史。			
	溫卿。			

彥穆字彥穆，後周少司徒、東都公。					
君綽，丞相府賓曹參軍。	君肅，隋黃門侍郎。				
	思默，邢州刺史。	思約，和州刺史。			
		寯。	逢年。	言道，岳州刺史。	哲，巴令。
					均，丹州刺史。

				君宙。		君瞻，隋秋官侍郎。
				思敬。	千里。	
					元綜，相武后。	
志廉，右庶子。			廣。	希喬，監察御史。		
傑。	儒。	伷，右拾遺。				

彥昇。		
玄籍，利州刺史。		
恪，申州刺史。	憬、	恂，杭州刺史、清河男。
勝。		
部字秉公。		

許州陽陵房：蔚少子彧，居鄢陵。

彧。		
子今，隋本州主簿。		
樞，利州刺史。		
義直，峽州刺史。		
知悌，戶部尚書。	知久。	
祐之，博州刺史。	韙之，鄂州刺史。	齊之，左司郎中。

知儉。

知讓。

知溫，相高宗。

玄之，度支郎中。

泰之，左丞、黃門侍郎、工部尚書，初以職方郎中豫平二張。

肅。

洌。

備，工部郎中。

知遜。

謂之，少錡。
府監、趙
國公，初
以商州
司馬豫
平韋后，
功第二。

南祖崔氏：泰少子景，字子成，淮陽太守，生挺，字子建。挺生破虜將軍權。權生諫議大夫濟，字元先，亦稱南祖。濟生湫，字道初。湫生安定侯融，字子長。融生中書令温，字道和。温生魏常山太守就，字伯玄。就生上谷太守公安。公安生晉大司徒、關內侯岳，字元嵩。岳生後趙尚書右僕射牧，字伯蘭。牧生後趙征東大將軍蔭，字道崇。蔭生聊城令怡，字少業。怡生宋樂陵太守曠，隨慕容德度河居齊郡烏水，號烏水房。生清河太守二子：靈延、靈茂〔三〕。靈茂，宋庫部郎中，居全節。生稚寶，稚寶，後魏祠部郎中。生逵，字景通，北齊三公郎中。生周司徒長史德仁。德仁生君實。

君實，許州治中。				
縣解，宜君丞。				
谷神。				
倘，祠部郎中。			侶，朔州刺史。	條，晉陽丞。
侑。	重，下邽主簿。			
	綱，交城主簿。	緯。		

融字文成，清河文公。					
禹錫字洪引，河東尉。範，中書舍人、清河貞子。			緄，欽州錄事參軍。	綽。	緝。
		巨字爲式，殿中侍御史。	諲。		
約。	絢，監察裏行。				
集。	師。				
	謀。				

綴。

紹。

藴,監察御史。

綜。

則。

升,稷山尉。

繼。

榮。

翹,禮部尚書、清河成公。

陵,詹事府司直。

庇。

璙字潤中。

昭符字子信。

昭原字勛美。

昭緯字藴曜,相昭宗。

	燮，於潛尉。				崼，光祿丞。
	權，襄陵尉。	悅，林慮主簿。		忻，河南法曹參軍。	
昭矩字表謀。		述，河南府士曹參軍。	嚴，倉部員外郎。		

同，大理少卿。								
峯。		廞，惠陵令。						平仲，鳳翔少尹。
應。	廈，襄城主簿。	公弼。	公度。	弘本。	延齡。	允中。	彥雍。	

				異，渠州刺史。	照，將作監丞。	稔，鉅野令。	鄗。	臨。	充美。		
							溥。				
						崳，澠池令。	賁。				
							德雍，周易博士。				
						岐，江陰主簿。	鄩。				
						嶙。					
						嶛。	弢，河東令。				

達，江陵少尹。		勵，陝府司馬。	能，字子才，嶺南節度使、清河郡公。	
潁。	彥恭。	次璵。	師蒙。	由道。

		從字子乂，淮南節度使、清河縣伯。	
彥曾，初名宣孝，徐州觀察使。		彥方，壽安尉。	愼由字敬止，相宣宗。
虬，京兆府參軍。	祐之，滎陽尉。	敬嗣，太子詹事。	昌遐字貽休，太子賓客。
		整字文莊，廣州支使。	

胤字垂休，相昭宗。

纁。

綸。

蠡。

溽。

億。

周恕，初名慎經，司封員外郎。

有隣字朋善，祠部郎中。

鈞。

安潛字進之，太子太傅、貞孝公。

梲字制之，太常卿。

		彥沖，太子賓客。		
讓郎，興元少尹。	就字德成，戶部侍郎。	勍字思柔，太常博士。	伽護。	觿字濟之，右拾遺。

		揔，太子諭德。		憲，西主簿。	
			彥儒，盩厔尉。	彥崇。	彥弘。
涓字虛巳，司封員外郎。	巒字得車，太常丞。				

			縣象。	縣黎，主爵員外郎。
				鼎。
	系，伊陽丞。	朔，京兆府法曹參軍。		
彧，太子少詹事。			季恭，兼監察御史。	

伯基八世孫密。密二子：霸、琰。霸曾孫遵。

遵，後燕太常卿。
撫，宋汝南太守。
羣，後魏冀州刺史，始居藍田。
稜，隋藍田太守。
君撰。
文舉。
督，相武后。

				君操。	文仲，吏部郎中。	斌，蘇州長史。	安石，汝州長史。	嵒。	韶。	綰字公綬。	
								銳，大理少卿。	護字殷功，嶺南節度使、武城縣子。	承裕，涇原觀察推官。	
									咸字重易。	翔字圖南。	

琰字季珪，魏尚書。生諒，字士文。生遇。遇生瑜。瑜生湜，字叔祖。湜生禕。禕四世孫溉。

溉。					
義玄，御史大夫、清丘貞公。					
神基，相武后。	神慶，司刑卿、魏縣子。				
	琳，太子少保。		珪，懷州刺史。	球，鄆州刺史。	瑤，光祿卿。
	儼，諫議大夫。	睦，絳州刺史。	侁，工部侍郎。		傑。

		神福，荊州長史。
	琨，石州刺史。	
儀，兼御史中丞。	僧，鄂州刺史。	

清河大房：湜少子諲，宋青、冀二州刺史。生靈和，宋員外散騎常侍。生後魏贈清河太守宗伯。生休、寅。休號大房。

休字惠盛，後魏殿中尚書、文貞侯。
悛字長孺，北齊七兵尚書。
瞻字彥通，吏部郎中、武城文公。
龍藏
子源，同州刺史。
叔封。

	仲文，北齊光祿大夫。				
	儦，隋內史舍人。				
智藏。	世濟，太子洗馬。				
	元譽，湖州刺史。	元敬，和州刺史。	元祚，大理司直。	元德。	元獎，吏部侍郎、杭州刺史。
		希古，藍田令。			庭玉，右驍衛將軍、冀州刺史。
忱，千牛將軍。		迴，大理評事。			孝童，監察御史、濮州刺史。
瑛，光祿少卿。		瑝。			
堙，駙馬都尉。		綬。			
		璐字大圭。			
		賞字昌衡。			

		元異。	元彥，正平令。			
			逸甫。			法言，相州別駕。
嗣童，陵州刺史。	惠童，駙馬都尉。		端。			
			敖，太常博士。			
			操。	換。	搏。	

隱甫，刑部尚書、忠公。						
瀓。	徹，河南少尹。		潛，處州刺史。		愻。	渙。
	澈，太常少卿。	泳字君易，陸渾尉。	勝。	豐。		

載。	虔。					
元紀。	盆字元友。					慶復，大理少卿。
守默。	昕，雅州別駕。			暉，唐州刺史。		
從一。	審。	容。	邃。	誠。		
				黃。		
				龜從字玄告，相宣宗。		
				殷夢字濟川。		
				晊字正封。	昈字漢傑。	

叔仁，後魏潁州刺史、							
挺。		彥武，隋魏州刺史。					
		正辨，豐陽男。					
		玄彪，烏蘭令。		玄默。			
				思慶。	思貞，隰州刺史、		
				延賓。	庭曜	庭曒	庭晦，國子博士。
	沖，少府少監。	逖，右諭德。	邈。	嘉祥。			嵩。
	通。						
輅。	樞，祕書監。						

	子侃，後魏通直常侍。	子聿，後魏東莞太守、			
		求言。	張蒼。		
		同，博州刺史。			
	思隱。				
			少通。	少容。	
暠。				豐，洛陽丞。	
					公輔，雅州刺史。

公華。

清河小房：寅字敬禮，後魏太子舍人、樂安郡守。生長謙，給事中、青州刺史，生子令、

		公華。					子令，高唐令。
		大質，復州刺史。					世瑛。
		玄覽。					
					奉孝。	奉節。	
			欽善。	欽古。	欽讓。		
		湛字湛然，鄭州長史。					
		虔，大理司直。					
	穜，侍御史。	稱，戶部員外郎。					
峴字公升。	冕。						
羲字尚逸。							

						秩。	千字藩之。				
							玘。	彥辭。	膠字壽卿。		
								彥回字瑞源。			
								彥昭，相僖宗。	礪字殷諧。		
					朝字懿忠，鄭、懷二州刺史。	積字實方，檢校金部郎中。	羣字敦詩，相憲宗。	嚴，同州參軍。			

						玄弼，延州刺史。
						弘默。
						沌。
					粲。	
		稧。	程。	税。		
	申，侍御史、內供奉。			準，宣歙觀察使。		
充字茂用，東都留守。	漸。					
鑄源字司鈞。	誼字宜之。					

道默，赤尉。		道郁。			
		綜，醴泉令。			
寬，赤尉。		佶，太子中允。			
岳。		譓，大理寺主簿。			
師本。	季長。	郕字士鍔，當塗刺史、淮南營田副使。 則，楚州尉。			
			行古。	璉。	瑊。

陲，御史中丞。

邠字處仁，太常卿，謚曰文簡。

璜，吏部郎中。

彥緯字有裕。

鄴，司農卿。

瓘字汝器，吏部尚書。

彥融字應求，萬年令。

協字思化。

頎。

頌。

壽。

貞。

鄖字廣略，浙西觀察使，謚曰德。

瑀。

義進字待舉。

				郇，大理卿。
瑤字韞中，鄂岳觀察使。	瑾字休瑜，湖南觀察使。		璆字致美，相黃巢。	
	廷表字漢臣。	廷憲字舜舉。		

邯。	瓚字錫勳。	
鄯，右金吾將軍。	琢字子文。	仁穎字處之。
	瑄字右玉。	仁遇字贊堯。
	琛字眞器。	
	珮字聲諫。	
	琪字庭秀。	

				道楨。		
				子美。		
			仙，河陰尉。	泉，兵部郎中。	漪。	
		嶠字巖士。	諷，枝江令。		敦，太常卿。	敷。
郾，相宣宗。	鄘字德章。					

								道猷，左庶子、清河公。
								瑩。
				激，溫州刺史。				
汶。	敏，永州刺史。		敫。	徽。	敞。	務。	放，檢校郎中。	
	貽哲。	貽儉。	行先。					

				秀，岐州刺史。	著。	褒。	丕。				
						衮。					
						裹。					
						兗。					
					冀。						
					羨。						
					益。						
					荐。	庠。					
						文。	賡字長	濛字退			
							言。	澤。			
								濜字德			
								信。			

				玄機，陳州刺史。	玄泰，綿竹令。			
			志德，京兆參軍。	循禮。	行溫，延州刺史。			
		收。		融，右司郎中。	紹，鄆州刺史。	綺。		絳。
特。	顒。				顏。	鎮。	鵬。	
					義，虞部郎中。			謙，太子詹事。
					儉。			邯。
					隋，字邵業。			

			路。		貢。			
			信，滁州刺史。	禮。	祐。	永。	濟，處州刺史。	威。
鄠。	鄘。	郾。	元藻字袞華，武功令。					
	坦。							
	璘字垂　裕。							

				行堅，金州司馬。		行集，冀州刺史。
				綱。		
			參。	汪。		
象。	廣。	暐。	包。	師周。	師魯。	
			逑。			
			珏字夢之。			

清河青州房：琰生欽。欽生京。京孫瓊，慕容垂車騎屬。生輯，宋泰山太守，徙居青州，號青州房。輯生脩之、目連。

脩之。					
元孫，宋尚書郎。					
亮字敬，後魏侍中、僕射、貞烈公。	敬默，魏征虜長史。				
士泰，征蠻別將、樂陵文肅公。	思韶，冀州司馬、武城子。				
肇師，北齊中書侍郎、襄城縣男。					
	子布。		子治。	子叶。	
道淹。			弘道，濟州刺史。		
方騫，萬年主簿、臨洺子。					
貞固，武功主簿。					
景晊，大理評事。	成奭。	成周。		漪，庫部郎中。	
圓，相肅宗。				經。	絢。
褒。					

			目連。	
		幼孫。	僧淵，後魏南青州刺史。	
		光伯，後魏太傅諮議參軍。		
		洛，後魏殷州別駕。		
		信明，懷州刺史。		
		冬日，天官鸞臺侍郎。	惟怦，海、沂等州司馬。	
			鏡邈。	國輔，禮部員外郎。
				度。
洽，成都少尹。				
繹。	繕。			

知道，大理司直。

玄同，相州刺史。

倚。

翰字叔清，汴宋觀察巡官、試大理評事。

華。

國況。

敬素，侍御史。

博陵安平崔氏：仲牟生融。融生石。石生廓，字少通，生寂。寂生欽。欽生朝，漢侍御史。生舒，漢四郡太守。二子：發、篆。篆，郡文學，生毅。毅生駰，字亭伯，長岑長。二子：盤、寔。盤生烈，後漢太尉、城門校尉。生鈞，字州平，西河太守。十世孫昂。

昂。			
仁師，相太宗、高宗。〔六〕			
揣，亳州刺史，襄安平公。	擢字揚庭，雍州司功參軍、安平男。		
	液，吏部員外郎，襄安平男。		
	鯨，奉天令。		
	昇，監察御史。		
	審，大理卿。		
	鏐，舒州團練判官、試大理評事。	鉅，嶺南節度副使。	
		又新。	又初，永泰令。

				攝，恆州刺史。	揔，戶部尚書。	
					湜，相中宗。	泌，刑部員外郎。
鯢。						諷，戶部郎中。
暈。						
簡，連州刺史。		策，監察御史。	筥。			
鐸。	鐔字一用。					
弘裕字道益。						

			仁術。		
			晃，郜陽令。		
	滌，祕書監、安喜縣子。	涖，吏部員外郎。	表，嶺南節度副使、殿中侍御史。		
論，大理卿。			道雅，壽州團練推官。	道音，棗陽令。	道融，右補闕。
					隋，司勳郎中。
					筠，蘇州司功參軍。
					溥。
					絢。

晉，祕書省正字。

道獻，度支江陵院巡官、試大理評事。

道紀字玄涯，汜水令。

風，處州刺史。

洵，青州平盧節度掌書記。

				實，桂州觀察推官、祕書省校書郎。
道樞。				
昌範，隋州軍事判官。	昌遠，曹州刺史。	昌符。	昌胤。	

大房崔氏：騊少子寔，字子眞，後漢尙書，生皓。皓生質。質生讚。讚生洪，字良夫，晉大司農。生廓。廓生遄。遄生懿，字世茂。五子：連、琨、格、遡、殊，又三子：怡、豹、偘爲

一房，號「六房」。連字景遇，鉅鹿令，號「大房」。生郡功曹綽。二子：標、鑒。標字洛祖，行博陵太守。生後魏鎮南長史廣，字仲慶。生元猷，元猷生當。

當字文業，後魏中書侍郎。

伯謙字士遜，鴻臚卿，謚曰懿。

淵字孝源，青、冀二州司馬。

綜字君維，長安令。

愼字行謹，胡蘇令。

玄暐，相武后、中宗。

璩，禮部侍郎，襲博陵郡公。

震。

渙，門下侍郎。

縱，御史大夫、恆山忠公。

元方，沔州刺史。

碣字東善。

標。

捷，萬年尉。

揚，三原丞。

	珪，汾、相等州刺史。				瑨，主客郎中。
賁，侍御史。	巽，常州刺史。	益，朗州刺史。	復，鳳翔少尹。	覿，大理評事。	
	括。				

			昪字玄樂，刑部侍郎。		
瓌。			璘，馮翊郡太守、兼採訪使。		
解，光祿卿。	頤，兼侍御史。		嬰，郢州刺史。		
	操，檢校郎中。	哲。	貞固，榆次尉。		
			戣，檢校司勳員外郎。		戎字可大，兗海
			庚字韜德，荆南觀察支使。	序字東玉。	雍，和州刺史。
					黨兒。

觀察使、安平縣公。

歸僧。

福字昌遠，員外郎。

裕字寬中。

厚字致之，司勳郎中。

晏字道安。

	行功，祕書監。	行簡，刑部員外郎。			
	晏。	旭。			
訓，文州刺史。	誠，左金吾將軍。	概。	璉。		
		耿。	詧，殿中侍御史。		
		曄字挺秀。			
				戢。	
				朗字內明，長安令。	
					晸字景熙。

	景。	昱。	晷。	晃。
訢，華州刺史。				銑，駙馬都尉、太僕卿。
	署。	峒，左補闕。		鸞，信王傅。
太素。			損字至無，相德宗。	

					仲讓，西魏鴻臚少卿。	
					鳳林，刑部郎中。	
			行眞。		從俗。	
暈。	晨。	昊，眉州刺史。	曇，澧州刺史。	量。	無詭。	無畏。
行整，雍州錄事參軍。					倚。	
	續，和州刺史。				圢，汾州刺史。	

無詖，滎陽郡太守。

鳳舉。

從令。

無諍。

從禮，太子家令，安喜公。

叔仁。

元嗣，隰州刺史。

鑒字神具，後魏東徐州刺史、安平康侯。三子：含、秉德、習。秉德，驃騎大將軍，謚曰靖穆。子忻、君哲、仲哲。

仲哲，後魏司徒行參

長瑜，開府中兵參軍。

子博，隋泗州長史。

元平，侍御史。

行範。

安儼，主客員外

藏類。

軍、安平縣男。					
					仲琰。
				子信。	君昭。
					播。
		行則。		義起，戶部侍郎。	玄亮。
郎。		慎微，復州刺史。			無縱。
	藏穎。	光業。	光緒，夔州刺史。		望之。
	諸。	鍔，兼御史。			倜，沁州刺史。

釋之，屯田郎中。	藏之，膳部員外郎。	渾之。				
	俠，郴州刺史。	儆，尚書右丞。				
		元略，義成節度使。				
		鉉字台碩，相武宗、宣宗。				
		沆字內融，相僖宗。		汀。	潭字德鑒。	沂字德潤。

		丨元受，直史館、高陵尉。				
	丨鐵。	丨鈞字秉一。				丨錤。
丨濟字德澤。		丨澤字中極。	丨泳字表聖。	丨濯字昭美。	丨澣字幾化。	
		丨構字高秀。				

						琨之。	溫之，鄧州刺史。
		元式，相宣宗。			元儒。		璠。
銖，安、濮二州刺史。		鎮字重威。	鍘字君。	鉅字挺業。	鍇。		
涿，刑部郎中。							
檢。	稅。						

			書字貴禮，仲業。後魏河東太守。	
		君昇。		
		道洽，膳部郎中。		
			仁睿。	
無固，汴州司馬。	無怠。	誠，刑部郎中。	玄禕。	玄祗，刑部侍郎。
			寬，比部郎中。	
	河圖，諫議大夫。	明允，禮部員外郎。	其輿。	

叔業，後魏南兗州別駕。
仲立，亳州刺史。

第二房崔氏：琨字景龍，饒陽令，行本郡太守。二子：經、鬱。經生辯，字神通，後魏武邑太守、饒陽侯，謚曰恭。二子：逸、楷。

楷字季則，後魏殷州刺史、後將軍。	
士元。	
育王。北齊起部郎。	勵德。
蔚字文豹，本州大中正。	
	慎知，濟州刺史。
	頲。

	士謙，周江陵總管、武康郡公。				
	曠，隋浙州刺史。				
	丕。	順，湖州刺史。	弈，芮州刺史。		
			大方，海州刺史。	大起。	萬石，中書舍人。
愼微，汾西令。					
浙，樂陵令。		珍，洋州刺史。			
庶，陳留尉。		綰，隴州刺史。			權。
行儉字 垔用，池州刺史。		佶，漢州刺史。			
惠文。					

	礭，隴州刺史。			
	恭禮，駙馬都尉、博陵郡男。			
	去惑。	興宗，饒州長史。		
	嵩。	儁，臨渙丞。		
揆。		懿。		
	潁，信州刺史。	頊，同州刺史。		
		琯字從律，山南西道節度使。	珦。	璪，刑部尚書。
			汪字希度。	滔字深之。

珙，相武宗。				瑍字朗士，河中節度使。	
涓字道源，御史大夫。			潼字爲中。	瀋字知止，吏部侍郎。	勃字晏之。
仁魯字化元。	仁矩。	仁寶字國華。		遠字昌之，相昭宗。	

						進思，黃州刺史。佚，長安令。
			顒，宋州刺史。	顗。	頔，賀州刺史。	
瑨，常州刺史。	球字叔休。					
	瀆字遙源。	澄字鑒之。				

		彭字子彭，隋左領軍大將軍領慈州事、安陽肅侯。		
		寶德，主爵郎中。		知德，絳丞、安陽男。
	固本。			景運。
潤之。	琦。	道斌。		
昌容。		鎮，倉部員外郎。	鎔。	
器，御史大夫。			延，職方員外郎。	

					說，後周大將軍、安平壯公。
			曄。		弘度字摩訶，隋檢校太府卿、武鄉郡公。
		知機，洛州刺史。			奉賢，沔州刺史。
		仲恭，幽州功曹參軍。			
寓，吏部郎中。	宥，工部郎中。				
宣，京兆少尹。			漢衡，兵部尚書。	勵，太子左諭德。	

弘昇，隋左武衛大將軍、黃臺縣公。				弘峻，隋趙王府長史。
處直。	處仁。			儼，雒令。
				暄，汝州長史。
	璆，刑部郎中。	琬，同州刺史。	頊，壁州刺史。	証字若虛，太子賓客。
郃，揚州司馬。				

晧，安平公。

渾，監察御史。

沔字若成甫。

沖，太子賓客、清河孝公。

祐甫字貽孫，相德宗。

晊，徐州司馬。

濤，大理少卿。

儀甫，大理丞。

俊字德長，戶部尚書、安平肅公。

巖字標魯，襄州觀察掌書記。

瞻字藏用。

		弘壽，左監門將軍、獲嘉侯。			弘正，鄴公。
		萬善，閬州刺史，成安縣男，謚曰信。			
	璥，武連令。	文憲，右武衛將軍，襲成安縣男。	文宣。	文操，滑州刺史。	
滂，巴州刺史。					
嬰甫。				潤，醴泉令。	
植字公脩，相穆宗。		椲，吏部員外郎。	嵩，駙馬都尉。	立之。	

	士順，周同開府行參軍。	
弘舟，隋內府監、安平郡公。		
璉，隋左千牛。		
	文緒。	
	伯陽，御史中丞、同州刺史。	
		倚，澧州刺史。

鬱，後魏濮陽太守，生挺。

挺字雙根，後魏司徒、泰昌景子。
孝芬字恭梓，太常卿、太昌縣公。
勉字宣祖，定州大中正。
龍子，司州治中，以宣度子繼。

猷字宣猷，隋大將軍、汲郡胡公。				
仲方字不齊，信都太守、固安縣伯。				
曉。	燕字大德，鳳泉令、石城縣男。			
	安上字敦禮，相高宗。			
	脩業，太子通事舍人。	守業，刑部侍郎。		
	處實，虞部郎中。	貞簡，坊州刺史。	貞慎，兵部侍郎。	貞敏，鄜州刺史。

元瑒。		餘慶，兵部尚書。		績。	輔。
同業，主爵郎中。	崇業，主客員外郎。	遵業，夔州司馬。	紹業，秋官郎中。		
		恆，河南司士參軍。			

令。						
承福，越、廣二州都督。						
先意，鄧州刺史。						先志。
巘，滎陽郡長史				峒，玄武令。	峻，左司員外郎。	峋。
淙字君濟，同州刺史。		清，戶部郎中。	湘。			
楠字茂孝。	杞，駙馬都尉。	柷，殿中侍御史。				

				叔重，隋虞部侍郎、固安縣公。	
				幹字道貞，黃門侍郎、博陵元公。	
	先事。		先知。		濬，主客員外郎。
峻，光祿少卿。	昶。				
	瑜。				
	周楨，右補闕。	周衡字可權，處州刺史。			

宣度，隋恆農太守。					宣軌，隋考功郎中。
公業。					
元植。			輪王，司部郎中、安平公。		
茂，袁州刺史。					
藝。	珽，合州刺史。		懷從，戶部員外郎。		
	銳，起居舍人。	令欽，國子司業。	瑨之。		
廋，舒州刺史。		眞。	淼。	公餘，檢校郎中。	
洌。					

				孝暐，後魏趙郡太守，諡曰簡。			
宣質。	宣靜。	宣略。	長昇，魯山令。	昂字懷遠，北齊祠部尚書。			
				君讚，瀛州刺史。			
				德厚。			
				恂，司農丞。	行成，戶部郎中。		
					淳，稷州司戶參軍。		
						季孫。	仲孫。

液字君洽，隋中書侍郎。

曇首，掖令。

謐，中書舍人。

紹睿，武邑令。

頂，白水尉。

昪之，汾西令。

遴，建昌丞。

景伯。

造字玄宰，相德宗。

懿伯。

逃字元明，房州刺史。

文伯。

武伯。

洽，隋散騎常侍。
治，武彊令。
預，監察御史。
育，江陰令。
孚，長城令。
弘禮字從周，刑部尚書。
彥防。

彥佐。

彥輔。

彥博。

彥恭。

彥光。

彥金。

彥載。

第三房崔氏：格二子，蕃、頴。蕃生天護。頴八世孫不疑，左補闕。

天護。

穆字子和，後魏州主簿。

謀開。

纂字叔則，後魏冀州刺史，謚曰簡。

暹字季倫，北齊尚書右僕射、儀同三司，謚曰貞節。

鞅，北齊散騎常侍。

達挐，後周御府大夫。

誠。

儀表。

敬嗣，房州刺史。

悅，洛州司戶參軍。

光遠，劍南節度使。

千齡。

搆。

	光迪。			
據，成都少尹。	抗，揚府司馬、兼通事舍人、將作少監。			
	玄亮字晦叔，虢州刺史。			
	煜。	谻言字詢之，昭義節度判官。	罕言。	綬，中牟尉。
		貽孫字伯垂。		

						世立，隋大理少卿、安平縣子。
					行表。	固儉。
				逵。		
				悰，主爵員外郎。		
					玄胤，司農卿。	
					貴成，邛州刺史。	
	純亮。	寅亮。	仁亮。			
定言，字安道。			聽，以玄亮子繼。			
望孫，字圭卿。						

抗，祁陽令。					
潛，濟州刺史。			澔，河間丞。	汲，長安丞。	
承構，鳳閣舍人。			日用，相睿宗、玄宗。	日新。	日知字子駿，潞州長史、
良佐，湖城簿。		良弼。	宗之，右司郎中。		禹，坊州刺史。
元翰，比部郎中。	鵠。	恭，汾州刺史。	儒，戶部郎中。	復，興州刺史。	
文輿。					

					琬，祝阿令。
					載，深州治中。
中山襄公。		日宣。			
	来，工部員外郎。	盇，宣州衙推。			
		綍。	重明，虞部員外郎。	寄，河東令。	

		融字循業，後魏定州別駕。		
		鴻翻，本郡功曹。		
	仁。	祖仁。	祖俠。	
			待詔，殿中侍御史。	
	坦，司勳員外郎。		玄範。	玄獎。
		叔獻，藤州刺史。		有信。
			密，富州刺史。	齊顏，工部比部郎中、秘書少監。
育，兼殿中侍御史。				

					玄景。		涇。				
							浩，贊善大夫。				
					玄頤，虞部郎中。						
		鳳舉。						澤，洛陽尉。			
	約。			智辨，豐、洮等州都督。							

崔氏定著十房：一曰鄭州，二曰鄢陵，三曰南祖，四曰清河大房，五曰清河小房，六曰清河青州房，七曰博陵安平房，八曰博陵大房，九曰博陵第二房，十曰博陵第三房。宰相二十三人〔七〕。鄭州崔氏有元綜；鄢陵有知溫；南祖有昭緯、慎由、胤、昝、神基；清河大房有龜從，小房有彥昭、蕘、鄲；青州房有圓；安平房有仁師、湜；博陵大房有玄暐、損、鉉、元式，第二房有珙、遠、祐甫、植，第三房有日用。

于氏出自姬姓。周武王第二子邘叔，子孫以國爲氏，其後去「邑」爲于氏。其後自東海郯縣隨拓拔鄰徙代，改爲萬紐于氏。後魏孝文時復爲于氏。外都大官新安公栗磾生侍中、尚書令洛拔。洛拔六子：烈、敦、果、勁、洎、天恩。天恩，內行長、遼西太守，生太中大夫仁。仁生高平郡都將子安。子安生隴西郡守建平郡公子提。子提生謹，字思敬，從西魏孝武帝入關，遂爲京兆長安人，仕後周，太師、燕文公。九子：寔、翼、義、智、紹、弼、簡、禮、廣。

寔字賓實，後周司空、燕安公，號蘭陵院。	顗字元武，隋黔州總管。	世虔。	儉，左屯衞將軍。								
		哲，亳州刺史。									

仲文字次武，隋右翊衛大將軍、延壽公。		惲。	象賢，隋驃騎大將軍、黔昌定公。	
欽明，彭州刺史。			德基。	德威，鄆令。
敏同，中書舍人。	敏直，相州刺史。	敬之，復州刺史。	素，倉部員外郎。	玄範，顯武令。
經野，戶部侍郎。	光運，滁州刺史。			汪，祕書監。
				公冑。
				頵。

	庭順。	庭誨。	庭謂。			
頎。		顒，天興令。	頎，工部尚書。			穎。
		畛，長安尉。	申，屯田員外郎。	廣。	鞏，岳州錄事參軍。	

		夐字叔遐，泗州司馬。		
頲，太原府司錄參軍。	頤，監察御史。	頊，戶部侍郎、判度支。	頂，長安令。	
當，吉州刺史。			明，盂令。	敬言，右龍武兵曹參軍。

		頔字允元，相憲宗。		
興宗，河南少尹。	溫，河南丞。	正方，太原府少尹〔六〕。	敏，太常丞。	季友，絳、宋等州刺史、駙馬都尉。
				晦，象州刺史。
				容，揚州錄事參軍。

恪，襲州刺史。

蘊，高郵令。

蕘，六合令。

彥珣，湖城令。

滉，靈武節度推官、虞部郎中。

係，司農少卿、知太倉給納。			
周，雲陽令、大理評事。	思讓。	思謙，靜難軍營田判官、檢校右散騎常侍。	
因。		輅。	超。

					可封，國子司業。
		頠，洋州司戶參軍。		冀。	
				貞。	
慎思，壁州刺史。	懿孫，河西令。	盾，滎州刺史。		濆字子漪，泗州判官。	

				翼字文若，璽字伯符，志本。隋太尉、任江陵總管，穆公，號永黎陽靜公。寧院。
	德行，恆州刺史。		德方，越州刺史，黔昌男。	
敬同。	玄徹，滄州刺史。	思言，大府卿。		
安仁，江州刺史。				

	詮，吏部下大夫、常山公。	篘，太僕卿。		
元嗣，金吾將軍。				
	瑾，駕部郎中。			
		抱誠，成州刺史。		
		邵，字德門，禮部侍郎。		
		汝錫，字元福。	尹躬，中書舍人。	訢，字弘道。

誠字薦之。	皐謩，戶部郎中。	人文。		
		德孫字 承休，吏部侍郎。	德材，涇原支使。	德晦，同州刺史。
				圻，京兆府司錄參軍。

		義字慈恭，隋潼州總管、建平剛公。	
		宣道字元明，隋上儀同、威安獻公。	宣敏字仲達，隋奉車都尉。
		永寧，商州刺史。	志寧字仲謐，以宣道子繼，相太宗、高宗。
		遂古，隰州刺史。	立政字匡時，太僕少卿、虢州刺史。
			遊藝，江都令，襲公。
			伯獻，涼州都督。
郢，衛尉少卿。			
寮師。	雍來。		

知微字辯機，兗州都督、東海郡公。

克勤，密州別駕、東海郡公。

克構，左監門率府長史、武陽縣男。

克懋，華州司戶參軍。

		愼言。			
光遠，通、陵二州刺史。	大猷字徽本，明堂令。	安貞，吳興令。			
		仙鼎，沁州刺史。	默成，沛令。		
			嘉祥。	休徵。	休烈，工部尚書、東海元公。
					盌，諫議大夫。

肅，給事中。				
敹字蹈中，戶部侍郎。				
球。	珪字子光。	瓌字匡德。	琄，平盧節度使。	琮字禮用，相懿宗。
棿字拱臣。	兟字德源。			

保寧。	
承範，平州刺史。	承慶。
	結，諫議大夫。

于氏宰相三人。頎、志寧、琮。

校勘記

〔一〕張氏宰相十七人　上表僅宰相十六人，無光輔世系。按光輔相武后，舊書卷九〇有傳，表漏列。

〔二〕生賓議郎繡衣使者三子慶昌襄昌生仲　按東觀漢記卷一二馬援傳云：「曾祖父通生賓，宣帝時以郎持節，號使君；使君生仲。」是仲乃賓之子。

〔三〕嚴字威卿　「威卿」，各本原作「聖卿」。按上文言嚴父余字聖卿，父子不可能同字。東觀漢記卷一二馬援傳云「余字聖卿」，同卷馬嚴傳及後漢書卷二四馬援傳並謂「嚴字威卿」，據改。

〔四〕生子成子明子彊皆爲慶封所殺子明奔魯生良　按既云三子皆爲慶封所殺，子明何得又奔魯生良？考左傳襄公二七年云：「（慶封）使盧蒲嫳帥甲以攻崔氏，……殺成與彊而盡俘其家。……辛已，崔明來奔。」史記卷三二齊太公世家亦僅言殺成、彊，未及子明。此並子明言之，乃行文之失。

〔五〕生清河太守二子靈延靈茂　按魏書卷六七及北史卷四四崔光傳，靈延爲曠之子，此處有誤。

〔六〕仁師相太宗高宗　按舊書卷七四崔仁師傳云：「永徽初起授簡州刺史，尋卒。」本書卷九九崔仁師傳略同。又查本書卷六一宰相表亦無相高宗之記載。「高宗」二字疑衍。

〔七〕宰相二十三人　考異卷五〇云：「博陵大房有沆，字內融，相僖宗；博陵二房有安上，字敦禮，相高宗；造字玄宰，相德宗。皆失擧其目。又玄暐孫渙，明皇西狩，拜門下侍郎、同中書門下平章事。表但云『門下侍郎』，不云相玄宗，亦誤也。」按所擧四人，本書及舊書俱有傳可證。

〔八〕正方　按舊書卷一五六及本書卷一七二于頔傳，「正」「方」爲二人。

唐書卷七十三上

表第十三上

宰相世系三上

柳氏出自姬姓。魯孝公子夷伯展孫無駭生禽，字季，爲魯士師，謚曰惠，食采於柳下，遂姓柳氏。楚滅魯，仕楚。秦幷天下，柳氏遷於河東。秦末，柳下惠裔孫安，始居解縣。安孫隗，漢齊相。六世孫豐，後漢光祿勳。六世孫軌，晉吏部尚書。生景猷，晉侍中。二子：耆、純。耆，太守，號「西眷」。耆二子：恭、璩。恭，後魏河東郡守，南徙汝、潁，遂仕江表。曾孫緝，宋州別駕、宋安郡守。生僧習，與豫州刺史裴叔業據州歸于後魏，爲揚州大中正、尚書右丞、方輿公。五子：鷟、慶、虬、檜、鸞。

鷟，後魏臨淮王記室。			
帶韋字孝孫，後周黃門侍郎、康城愷公。			
祚，隋司勳侍郎。			
震，鄆州刺史。	範，尚書右丞。		
俊，棣州刺史。	齊物，睦州刺史。		
	喜。		
	賁。	并字伯存，殿中侍御史。	淡字中庸，洪府戶曹參軍。
		道倫。	

					續，儀曹郎中。
			幹，工部員外郎。		
			惲。	儒，戶部侍郎。	
中行。	寀。		弈，昇州刺史。	翃，膳部員外郎。	
	翰字周臣。	陟字堯卿。			

慶字更興，後魏侍中、左僕射、平齊景公。				
機字匡時，隋納言、建安簡公。				
逖字業隆，隋兵部尚書、參知機務。	⿺辶炎，職方郎中。			
	胤，隴州刺史。			莽。
		光庭，祠部員外郎。	充庭，薊州都督。	
	叔璘，端州刺史。			
	應規，兼殿中侍御史。			

		旦字匡德，隋黃門侍郎、新城男。				
逵，考功郎中。	逞，禮部郎中。	夔，都官郎中。		則，隋左衛騎曹參軍。		
		子房，戶部侍郎。	子賓。	奭字子燕，相高宗。		
				知人，水部郎中。	爽。	
					嘉泰字元亨，右武衛將軍。	
				無恭，潭州刺史。	祐良。	

	綽，膳部員外郎。	楷，濟、房、蘭、廓四州刺史。		
		融。	子敬。	
產，膳部員外郎。			約，房州刺史。	繹，夏令。
		元寂，主客員外郎。		遺愛，太子司議郎。
		少安，撫州刺史。		開，侍御史。
				寬字存諒，荊南永安軍判官。

子夏，徐州長史。					
	從心。			從裕，清池令。	
	回。	因。	固。	某，臨卬令。	察躬，德清令。
				某，旌德令。	鎮，侍御史。
					宗元字子厚，柳州刺史。
					告字用益。

亭，岐州刺史、太常卿、壽陵侯。

子陽。

誠言，冀州司馬。

渙，中書舍人。

澤，太子右庶子、

某，朔方營田副使、殿中侍御史。

纁，華陰主簿。

綜。

續。

			虬字仲盤，後周中書侍郎、美陽孝公。	
		肅字匡仁，隋工部郎中。	鴻漸。	蔡年，後周順州刺史。
		大隱，台州刺史。		饗之字公正，隋黃門侍郎。
	子貢。			威明，吏部郎中。
華州刺史。	良器，冀州刺史。		暉，寧州刺史。	

			諤之。	潁之，屯田員外郎。	挺之，中書舍人。
慈明，職方郎中。		然明，施州刺史。	保隆，膳部郎中。		
				存業，肅州刺史。	
弼，貝州刺史。	懿，辰州都督。			栖，嬀州刺史。	
	立。				

止戈，後周洛州刺史。
憬，海州長史。
璿，伊陽丞。

惇，資陽令。
初，延州司馬。
頤，寧國丞。
元方，萬年丞。
弘禮。

傳禮。

好禮。

建，金部郎中。

待價。
言思，祠部郎中。

虬裔孫彥昭，太子文學。
芳字仲敷，右司郎中、集賢學士。
登字成伯，大理少卿。
璟字德輝，郴州刺史。
韜字藏用。

		檜。
		雄亮。
		贊，都官郎中。
	冕字敬叔，福建觀察使。	鄭卿，咸安太守。
瓌，邵州長史。		
祺字玄裕。		

晉太常卿、平陽太守純六世孫懿，後魏車騎大將軍、汾州刺史。生敏，字白澤，隋上大將軍、武德郡公。從祖弟道茂。

道茂。
孝斌。
客尼。
明偉，義川令。
正巳。
甫。

					正禮，邠州司戶參軍。
子溫，丹州刺史。					子華，檢校金部郎中。
公綽字寬，兵部尚書，謚曰元。				器〔二〕。	公度，光祿少卿。
仲郢字諭蒙，天平節度使。			仲遵。	希顏。	讖字匡言。
璞字韜玉，著作郎。	瑊。	瑀。	璨字昭之，相昭宗。	珮字輝長。	

			公權字誠懸，太子太保。	公諒，南鄭令。
			仲憲。	
珪字郊玄，一字鎮方，衛尉少卿。	璧字寶玉，右諫議大夫。	玭，御史大夫。	瑗字虛中。	
	懷素字知白。			

			五臣，水部郎中。	寶積，職方員外郎。	
		明亮。	明諶，和州刺史。	明逸，刑部員外郎。	明肅，度支郎中。
			正元，大理評事。		
子金，南鄭令。	子平。				
		惟則，檢校員外郎。			

平陽太守純生卓，晉永嘉中自本郡遷於襄陽，官至汝南太守。四子：輔、恬、傑、奮，號「東眷」。

輔。				恬，西涼太守。
平。				遇，馮翊太守。
				叔宗字雙麟，宋建威參軍。
敬起。				世隆字彥緒，南齊尚書令、貞陽忠武公。
昶。			粹。	惔字文通，梁左僕射、曲江穆侯。
				昞。
詵。				裘，隋大將軍。
果仁。	崇禮，房州刺史。			
	固節。	仲矩。		
			季華。	僬，右金吾將軍。

暉，梁吏部尚書。		映。	
顧言，隋祕書監、漢南公。		奭。	
遜。		善才，荆王侍讀。	
尚眞，司門員外郎。		尚素，江寧令。	
思讓，巴州刺史。	儉，兵部員外郎。	慶休，渤海丞。	
		識字方明，屯田郎中、集賢殿學士。	渾字德載，相德宗。

叔珍，義陽內史。				
慶遠字文和，梁侍中、雲杜忠惠侯。			季遠，梁中書侍郎、宜都太守。	
津字元舉，左民部尙書。			遐字子升，後周霍州刺史。	
仲禮，司州刺史、西魏侍中。			莊，隋黃門侍郎。	
玄。	彧，隋持書御史。		慶孫。	
	紹，左庶子。		楚賢，光祿少卿、杭州刺史。	
行滿，給事中。			溫。	洽。
	晦，文州刺史。	如芝，衡州刺史。		升，長安令。
				元。

			傑。			
			雙虬。			
			元章。		仲仁。	
			景賓。	景鴻。		
				儉。		
					崇貞，太 原令。	季貞。
		沖，太子賓客、平陽公。	秀誠，揚州長史。			賁，長安令。
輔。	應。					

	奮。
季和。	
贊，冀州刺史。	
	貞望，江州刺史。

柳氏宰相三人。奭、璨、渾。

韓氏出自姬姓。晉穆侯費少子曲沃桓叔成師生武子萬，食采韓原，生定伯，定伯生子輿，子輿生獻子厥，從封，遂爲韓氏。十五世孫襄王倉，爲秦所滅。少子蟣虱，生信，漢封韓王。生弓高侯頹當。頹當生孺。孺生案道侯說。說生長君。長君生龍頟侯增。增生河南尹騫，避王莽亂，居赭陽。九世孫河東太守術，生河東太守純。純生魏司徒南鄉恭侯暨〔三〕。六世孫延之，字顯宗，後魏魯陽侯。孫瓌，平涼太守，安定公。生恆州刺史演。演生褒。

				褒字弘業，後周少保、三水貞伯。
			仲良，戶部尚書、潁川公。	紹字繼伯。
瑗字伯玉，純臣。相高宗。				
			某，鄖州刺史。	
			某，著作郎。	
			某，萬州刺史。	
	泰字安平，祠部郎中。	豐字茂實。	慎，溫主簿。	

				遜。	滂。
					同慶，司勳郎中。
琪。					
	澄，汲郡太守。				
	戾。				
	儉。				
	琦，左監門大將軍。	祜。			
	滑，蜀州刺史。	溱，左補闕。			
		憬，亳州刺史。	協，駕部郎中。		

弓高侯穨當裔孫尋，後漢隴西太守，世居潁川，生司空稜，字伯師，其後徙安定武安。

後魏有常山太守、武安成侯耆，字黃耇，徙居九門。生茂，字元興，尙書令、征南大將軍、安定桓王。二子：備、均。均字天德，定州刺史、安定康公。生晙，雅州都督。生仁泰。

仁泰，曹州司馬。				
叡素，桂州長史。				
晉卿，同州司法參軍。	季卿，義王府胄曹參軍。	子卿，陝府功曹參軍。	仲卿，祕書郎。	
			會，起居舍人。	介，率府參軍。
				百川。

				老成。	湘字北渚，大理丞。							
					滂，寶雞丞。							
			愈字退之，吏部侍郎，諡曰文。	昶。	綰字持之。							
					袞字獻之。							
				州仇，富平令。								

雲卿，禮部郎中。			紳卿，京兆府司錄參軍。	升卿，易州司法參軍。
俞，開封令。			岌，虢州司戶參軍。	
无競，河南參軍。	啓餘，潤州司功參軍。	州來，唐興令。	家。	

河東太守純四世孫安之，晉員外郎。二子：潛、恬。恬，玄菟太守。二子：都、偃。偃，

臨江令，生後魏從事郎中穎。穎生播，字遠游，徙昌黎棘城。二子：勵、紹。紹字延宗，揚州別駕。二子：弈、冑。

冑字弘胤，北齊膠州刺史。				
護字靈祐，後周商州刺史、洪雅公。				
賢字思齊，隋鄧州刺史，襲黃臺公。				
符字節信，巫州刺史。				
大壽，吏部郎中。				
歸仁，上黨令。			僎，獲嘉主簿。	
曜。	延慶。		光期。	
詢。	諶，朝邑令。	錬。	鉞，宋城令。	鋒，武功尉。
				紓。
				朴。

延範。

華，衛尉少卿。

署。

師魯。

君祐，涪州刺史。

道紀。

鎮，藍田令。

纁，三水令。

繇，大理評事。

大智字不偲，祕書郎。

惑，洛州司戶參軍。

滔，輔唐令。

暈，丹楊令。

阜，長水丞。

舉，殿中侍御史。								
寮，秋浦令。					居厚。			寓。
郯。	鄠。	都。	邢。	邲。	鐔，殿中侍御史。	鄆。	郜。	鄟。

			休，字良士，相玄宗。			
			浩，高陵尉。	洽，監察御史。	洪，邢州長史。	
					章，兵部侍郎。	
容。	審。				挹，太原少尹。	
捧。	鄰。	嚴。			居實，南鄭丞。	鋼，磁州錄事參軍。

	晟，左散騎常侍。	居業。
	掖，潤州司倉參軍。	
	樞，揚子尉。	
	操，靈寶尉。	
牢。		
平。		
牟。		
犟。		

	澼，郊社丞。	汯，諫議大夫。					滉字太沖，相德宗。
莘。		卓，殿中丞。					羣，禮部員外郎。
		準，洛陽令。				鼎。	察，明州刺史。
		鎡，咸陽令。		鉥。	銖。		諫師。
		超。	濡。	起。	越。		

		皐字仲聞，尚書左僕射。		
宥，衛尉卿。	寬，右金吾兵曹參軍。	充，舒王府錄事參軍。	袞。	
			紹，京兆文學。	玫，成都少尹。
				諷。

			渾，太常少卿。	洵，京兆府錄事參軍。
			洮，都官郎中、閬州刺史。	
			復，洋州刺史。	
		鑄字台臣，檢校兵部尚書。	鈞，左司員外郎。	
弼。	瓌，穰令。	環，太子司議郎。		
士通，原州司戶參軍。				

					武，右拾遺。		
		解，太子中允。	益，金部員外郎。	丞，興元少尹。	抗，眞源尉。		
			轂，流溪令。	巘。	逵。		柷。
	玹。				枳。		坤。
士約，大理評事。					繕。	佋。	

									櫓。		
								巽。	杞。		
									友信。		
									絢。		
								撲，河南丞。			
						洄字幼羣，司封賓，亳州造。來，兵部郎中。刺史。侍郎。					
									鄘字正飾。封，遂州刺史。		
									穎。		

		常，岳州刺史。		彝。	弈，涇陽尉。	平，興平令。	中，歸州刺史。
	宁。	密。	抗，吳令。	謇。	最。	蹇。	操。
郇。	據。						

倩，殿中丞。						
演，和州刺史。	混，率府錄事參軍。	滌，河南兵曹參軍。				
		承訓，洛陽令。		承徽。		
		乂，定遠令。		宗簡。	玄亮，中牟尉。	玄著。
		庶。	鍔。			
		錋。	嶠。			

						大敏。
						份，著作郎。
				湜，眞源丞。		
				肇，宜城尉。		
宗古，蕭令。	籌，右諫議大夫。	範。	藹。	藩。	楷，海陵尉。	
	邠，蘇州刺史。					

佺，虞城尉。

南鄉恭侯暨子孫其後徙陽夏。

望。			
垂。			
弘，相憲宗。			充，檢校司徒、宣武節度使，謚曰肅。
肅元。	公武字從 傴，右驍衛上將軍。		
	繼之。	繼宗。	

韓氏宰相四人。瑗、休、滉、弘。

來氏出自子姓。商之支孫食采於郲，因以爲氏，其後避難去「邑」。秦末徙新野。漢有光祿大夫來漢，從楊僕擊南越。孫仲，諫議大夫。生歙，字君叔，中郎將。生稜。稜生歷，爲執金吾。生定，中郎將。孫豔，司空。生敏，字敬達，蜀執愼將軍。七世孫崱，始徙江都。

崱。	繪。	護兒，隋左翊衞大將軍、榮國公。	恆，相高宗。	景業，虞部郎中。
			濟，相高宗。	敬業，潤州刺史。
				慶遠，中書舍人。

來氏宰相二人。濟、恆。

許氏出自姜姓。炎帝裔孫伯夷之後，周武王封其裔孫文叔於許，後以爲太嶽之嗣，至元公結爲楚所滅，遷于容城，子孫分散，以國爲氏。自容城徙冀州高陽北新城都鄉樂善里。秦末有許猗，隱居不仕。曾孫毗，漢侍中、太常。生德，字伯饒，安定、汝南太守，因居平輿。四子：據、政、逖、勁。據，大司農。生允，字士崇，魏中領軍、鎭北將軍。三子：殷、動、猛。允孫式，式二子：販、邁。販字仲仁，晉司徒掾。四子：茂、詢、嶷、雅。詢字玄度，四子：元之、仲之、季之、珪。珪，宋給事、著作郎、桂陽太守。生勇慧，齊太子家令、冗從僕射、晉陵縣侯。二子：懋、胤。懋，梁天門太守、中庶子，生亨。德次子政，字義先，別居邵陵。

亨，陳衛尉卿。	善心，隋黃門侍郎。	敬宗字延族，相高宗。	昂，虔化令。	彥伯，太子舍人。	望，右羽林將軍。	遠，侍御史、睢陽太守。	峴，袁州刺史。	
				邵伯，右屯衛將軍、平恩公。				

昱。	昪，明堂令。	果，恭陵令。	景，工部郎中、判右羽林大將軍。

安陸許氏出自詢五世孫君明，梁楚州刺史，生弘周。

弘周，楚州刺史。	
法光，後周岳州刺史。	
紹，峽州刺史。	
善，隋宣城郡主簿。	
力士，洛州長史。	
欽寂，夔州刺史。	
輔乾，右金吾大將軍。	
諫，河南丞。	論，監察御史。

			欽明，梁州都督、安西大都護。		
		輔德，宕州刺史。	誠惑，鴻臚少卿。		
詵，歸州刺史。	諷，監察御史。		子房。	季常，萬年丞。	子端，岳州刺史。

伯裔。				
			欽淡，深州刺史、光祿卿。	
			叔冀，滑汴節度使。	誠言，太子僕卿、右衞大將軍。
		仲容，鄧州刺史。	孝常，亳州刺史。	餘，壽州刺史。
	志雍，兼監察御史。	志倫。		

			智仁，右屯衛將軍、許昌公。								
			圉師，相高宗。	自牧。							
				自遂。							
				自正，澤州刺史。							

許氏宰相二人。敬宗、圉師。

辛氏出自姒姓。夏后啓封支子於莘，「莘」「辛」聲相近，遂爲辛氏。周太史辛甲爲文王臣，封於長子。秦有將軍辛騰，家于中山苦陘。曾孫蒲，漢初以豪族徙隴西狄道。曾孫柔，字長汎，光祿大夫、右扶風都尉、馮翊太守。四子：臨、衆、武賢、登翁。武賢，破羌將軍。生慶忌，左將軍、光祿大夫、常樂公。生子彥，豫章太守。曾孫茂，後漢成義將軍、酒泉太守、侍中。三子：緘、沘、孟孫。孟孫生長水校尉伯眞。伯眞二子：孟興、叔興。孟興二子：恩、殷。恩生子焉。子焉三子：寅、裕、胥。

寅。		
寅，四世孫猷。顏。		
猷孫巨明，後魏侍中。		
顯宗，馮翊郡守。		
元忠，青州刺史、平陽伯。	慶之字加陵，後魏祕書上士。餘慶，西周主寢監。	
迪，隋龍州刺史。		
德本，黃州刺史、平桑公。		
		道源，監察御史。
		思禮，邵州刺史。

珍之，後魏北海太守，謚曰恭。	豁字仲略。		
懿，北齊都官尚書。	昂字進君，後周潼州總管、繁昌公。	政。	寬。
		肇。	諝，中書舍人。
文粲，鳳州刺史。		茂將，相高宗。	
		希業，駕部郎中。	

裕。				
裕五世孫晃。				
敬宗。		闡。		
樹寶。	靈寶。			
琛字僧貴，後魏南梁太守。	徽，後魏徐州刺史。			
術字懷哲，北齊吏部尚書。	季慶，青州刺史。	寶剛。		
衡卿，太常丞。	公義，隋司隸大夫。	興。		
郁，禮部侍郎。	亮，侍御史。	澄。		良，禮部侍郎。
		玄慶。	玄同，戶部員外郎。	玄道，比部郎中。
		怡諫，壽州刺史。		廣嗣，禮部侍郎。
				恆。

		嵩。
	長孺，都官郎中。	利涉，度支員外郎。
晉。	咸。	

辛氏宰相一人。茂將。

任姓出自黃帝少子禹陽，受封於任，因以爲姓。十二世孫奚仲，爲夏車正，更封於薛。又十二世孫仲虺，爲湯左相。太戊時有臣扈，武丁時有祖巳，皆徙國於邳。祖巳七世孫成侯，又遷於摯，亦謂之摯國。漢有御史大夫廣阿侯任敖，世居于沛，其後徙居渭南。

雅相，相高宗。			鵬，陵州刺史。	迪簡，易定節度使。	憲字亞司。						

任氏宰相一人。雅相。

盧氏出自姜姓。齊文公子高，高孫傒爲齊正卿，謚曰敬仲，食采於盧，濟北盧縣是也，其後因以爲氏。田和簒齊，盧氏散居燕、秦之間。秦有博士敖，子孫家于涿水之上，遂爲范陽涿人。裔孫植，字子幹，漢北中郎將。生毓，字子象，魏司空、容城成侯。三子：欽、簡、珽。欽，晉尚書僕射。珽字子笏，晉侍中尚書、廣燕穆子。三子：浮、皓、志。志字子道，晉中書監、衞尉卿。三子：諶、謐、詵。諶字子諒，晉侍中、中書監。五子：勗、凝、融、偃、徽。勗居巷南，號「南祖」。偃居北，號「北祖」。偃仕慕容氏，營丘太守。二子：邈、闡。邈，范陽太守。生玄，字子眞，後魏中書侍郎、固安宣侯。二子：巡、度世。度世字子遷，青州刺史固安惠侯。四子：陽烏、敏、昶、尚之，號「四房盧氏」。

陽烏字伯源，後魏祕書監、固安懿侯，號大房。				
道將字祖業，燕郡太守、固安獻侯。				
懷祖，太學博士。	懷仁字子友，後魏弘農太守。			
莊，後周都水使者。	彥卿，石門令、東宮學士。			
耀，滄州司功參軍。	大道，荊州刺史。			
循，襄陽尉。	元福，祕書少監。	元珪，當塗令。		
		湛。	濬。	澂，豐令。
				岳，上洛郡司馬。
				仲弼。

				璨，祕書少監、固安侯。		
				震，兗州參軍。	竦，右金吾將軍。	
屈，衛尉卿。	咼，滎陽尉。	巒，明經直太常。	邑。		隗。	嶷，郢州刺史。

					安石，曹州司馬。
	慎思，和州刺史。			愔。	師老，司門郎中。
	諭，黃州長史。		詵，武安尉。		昭。
山甫。	長宗，大理評事。	仲宗，揚州參軍。			脩，懷州司兵參軍。
	周諒。				

					大觀。	行嘉，青州錄事參軍。
師丘，金部郎中、懷州刺史。				師莊，司議郎。	師昉。	知遠。
暕，泗州刺史。	暉，魏州刺史。			晙。	宗謙。	守賓。
	向。			汪。		
	彧。	端。	泰。			

	彥章，武彊令。				
	莊道，刑部員外郎。			方壽。	
	玉昆，桐廬令。		思順。	思敬。	知順，太谷丞。
			嗌，涼王府司馬。	令涓，沂州司馬。	
	游，司勳郎中、河南少尹。	迅，殿中侍御史。	元寓。		
單。	翬。		震。		

敷，寃句令。

頠，譙令。

戢，開封尉。

金友，水部員外郎、滁州刺史。

勸。

伯成，萬年丞。

協，汾州司錄參軍。

雅，封丘令。

旻。

暈。	炅，大理主簿。				
	計，揚州兵曹參軍。				
	銳，平陸尉。	鈇，大理評事。	鋼，睦州刺史。	鈞字子和，太子太師。	鍇，左庶子。
			珪字子美。	鄴字漳臣，祕書省校書郎。	
				肅字子莊。	

		彥高，萬年長。		
		佺壽，太常丞。	仙壽，雍丘令。	
		維惠，許州司兵參軍。	友浹，黎陽令。	
			秀，清河令。	霸，司封郎中、將作少監。
	羣。			
庚，檢校比部郎中。				

		僑壽。	弘壽，衢州司馬。		
友儋，黎陽令。	友季，太原府士曹參軍。	法智。	友坦。	友裕，信都主簿。	
融，長水令。				相，高郵令。	
萬，隰州刺史。			渾。	甫。	峴，丹陽丞。

構，濟州刺史。				播，戶部郎中。				
和。	華。	衎。	晵。	居易。	用晦。	藏窖。	將明。	寬中。
	士瞻，大理少卿。			資實。				

				子廓。	遺福。	友挹。			
			抗。	光臣。	暈。	服，晉陽令。			
處厚。	椿。	將順。	嶠。		長慶。	論。	詡。		峯，河內尉。
							紹。	渥。	

道亮字仲業。

思演。

璬，沂州錄事參軍。

某，襄陽令。

居簡，金吾兵曹參軍。

行簡，大理主簿。

可久。

朗，潤、青等州刺史。

廣微，婺州刺史。

廣明。

廣敬，汝陽令。

含光，鄭丞。

幼卿，亳州刺史。

玄卿字居貞，左
子眞，檢神武軍
校左威胄曹參
衞上將軍。

						思道字子行，隋武陽太守。	
						赤松，太子率更令、范陽郡公。	
						承慶字子餘，相高宗。	
						諝，吏部郎中。	
					廣濟，和州刺史。	鄖，滁州刺史。	垣。
							幼臨，刑部郎中。
軍、薊國公。							
	居簡。	居易。	居中。	居道。			

承恩。	承悌。			承基，主客郎中。		
休期。	絪，城門郎。	暄。		元莊，嘉州刺史。		
	侑，太原尉。	湢，杭州刺史。	幼平，太子賓客。	知遠，資州刺史。		明遠，太原少尹。
日新，商州刺史。			賞，邵州刺史。	巽。	孚。	
建，常州刺史。			弘宗。			
			峻字子翰。			

	承業，雍揚二州長史、魏縣簡子。	承泰字齊卿，太子詹事、廣陽郡公。		
徽遠，潤州刺史。		成務，壽、杭、濮、洛、魏五州刺史。	成軌。	
			侶，御史中丞。	倕，衡州刺史。

		承禮，湖州司馬。			
		璬，魏州長史。			
	成麟。	徽明，洋州刺史。	藏用，字子潛，黔州長史。	若虛，起居舍人。	重玄，司勳郎中。
偘，戶部郎中。	儆，趙州刺史。				

承福，考功郎中。					
		玢，貝、絳二州刺史。			
伯初，太原少尹。		全操，房州刺史。	全義，臨汝太守。	全誠，饒陽太守。	全壽，金吾將軍。
				惲。	
知退。	知晦。				
準字昭儉。	導字熙化。				

				道虔字慶祖，後魏幽州刺史，諡曰文恭。			
				昌衡，隋太子左庶子。			
				寶素，隋晉州別駕。			
				安壽，綿州內部長、長史。			
				正紀，汝州司馬。			
全育。				伉，聞喜令。			
絳。	繪。	綈。	維。	嶠，永州司馬。		岳字周翰，陝虢觀察使。	
					嘉猷。		戣。

正道，鄂州刺史。	同休。				正勤。	
					侹，臨清令。	
					汝，監察御史。	
					士珏。	戩。
				弘宣字子章，太子少傅、固安縣伯。		
		更牢。	含。	告字子有，左補闕。	占。	
				朋龜字子益。		

安志，萬年丞。						
游道。			正義。			
肅誠。	絢，太子詹事。		緬。		景明，陝州司馬。	
傳禮，均州刺史。	熾。	鎮。	瀾。	溥。	濊。	澤，兼殿中侍御史。
		鴻應。				
		耕，字子成。				

正言，左監門衞將軍，謚曰光。				
眺字日浚，西華 旦，深州主簿。 司馬。				
	炅，大理主簿。	浼，汝陽主簿。	漑，新鄉尉。	瀜，祠部郎中。
				士理，漢州刺史。

士瓊字孺方。德卿，河南府司錄參軍。			士瑛，岳州刺史。	士玫，太子賓客。	士瑍。
	嗣宗。	嗣業。	處約。		儔。
			震字子威。		絳字子華。

清，萍鄉主簿。

士牟，和州刺史。

執顏，戶部員外郎。

踐微。

先之。

沐。

湘。

潘字子

濬。

洋。

泚。

沛。

							浚，西華尉。				
							汶。	士珙。	罕字子讓。		
					正容，潤州司戶參軍。	光懿。	湛。				
							渚。				
						光烈。					
						光遠。					
						光裕。					

	寶胤，博州刺史。				
	元亮，宋州司功參軍。	元規。		元德，義清令。	元貞。
		遜。	逸，給事中、荊府長史。	庭光。	怡，中書舍人、御史中丞。
光宗。		固然。	輿。	廣全。	膺，大理評事。
澥，兼殿中侍御史。					裔，檢校工部郎中。

道舒字幼安，後魏中書侍郎，襲固安縣爵。					
熙裕。					
士綸。					
同吉。					
元亨。					利貞。
庭言。		庭昌，歙州刺史。	魏客。	庭芳。	子眞。
晶。			謂，遂州刺史。		炅。
	恆，殿中侍御史。				羣字戴初，義成節度使。

							士綽。	士緝。	士繹。
叔慈。	元茂。								
	韞價，長祚，偃師尉。	安簿。				遠價。			昱，檢校工部郎中。
譜，峽州刺史。			抃。	校，衢州參軍。		顔。			

						敏字仲通，後魏議郎、
						義僖字遠慶，都官尚
						愻之，太尉記室參軍。
士繪。						文構。
嘉慶。			方慶。			君肅。
重明，亳州刺史。	見義，魏郡太守。	見象，石州刺史。	受彩。	昭彩。		
令章，屯田員外郎。				襲乂，給事中。		
僅，安陸丞。			國淳。	國佐，睦州刺史。	國英。	

謚曰靖，號第二房。						
書，謚曰孝簡。						
	處實。					君胤，忠州刺史。
	守直，興州刺史。	昇，福州刺史。		旻。	景，同官尉。	幼孫，常州刺史。
		峻。	乾。	放。	誂。	獻，鸞臺侍郎。
		給。				翔。
						甚字去甚。

翊，鄂州刺史。

昂，澧州刺史。

長。

廣，河南尉。

商，字爲臣，相宣宗。

知遠。

知微。

知宗。

僧朗。

蕘，字待問，生協，字熙績，兵部員外郎。

盛，恆州刺史。	令。	員。	翹，兵部郎中、廣陵長史。					
	輔國。	暹。	進賢。	進賓。	曄。	晙。	晊，殿中侍御史。	
	敦禮。						逢，戶部郎中。	
							聽。	懋。

懿。

蘊字積中。

著字弘中。

莊字敬中，生鼎、擢。

鼎字調臣，起居舍人，與起居郎蘇楷、羅袞請改昭宗謚曰襄。

	瑀，給事中、國子祭酒。			
	良。			
		復，夔州刺史。		
		詞。		
		渥字子章，檢校司徒。		紹字子美，太子少保。
荷字秉中。		膺字公禮，刑部侍郎。	賡字昌舜。	庥字垂禮。

			操。			
			寘。			
			政，檢校郎中。			
			瑗，歙州刺史。	珣。	璡，河中少尹。	璠。
	沼字明源。	沆字德遠。				
麟字垂禎。						

			文壽。	文挹。		
			君亮，冤句令。	君胄。		
				貞栟。		
				履冰，右補闕。		
			鉉，祠部郎中。	元裕。	正己，刑部尚書。	
					翰，相德宗。	
頊，澤州刺史。	玠。	珙。				
戎。						
蔚，字剛中。						

		懲之，後魏彪。散騎常侍。			
君靜。		慈龍，濟源令。			
萬石，司農卿、昌平公。		同德，樂壽令。			
昭，峽州刺史。	暄，太原少尹。	勤國，渭南令。		勤敬，桃林令。	勤禮。
	瑗。		珽，常州刺史。	守悌。	抱素。

						勤嘉，青州別駕。	克周。				
							克明，高陽令。	洽。			
								潤。			
								沼，芮城令。	邁字子玄，相德宗。		
								洵。			
								澥。			
								淸。			
								澶，殿中侍御史。			

		義惇。				
	息之，後魏開府參軍。	景開。				
德衡。	彥博，雍州參軍。	仲俊。				
		之道，太子舍人。	之信，洛州司功參軍。			
			璀。	璟。	元哲，金州刺史。	珙。
				思殷，渭州司倉參軍。		
				全濟，封丘丞。		

		景柔，蘭陵太守、南州刺史。			
	叔粲。	元幹。		海相，涇令。	
				彥恭，伊闕令。	
				昭度，監察御史。	
				詢，晉州司馬。	
貞諒，刑部侍郎。		貽，河南府法曹參軍。			
		於陵。	渾。		
		義。	元中。		
			嗣立，字子復。		則，監察御史。

					楚玉。
	彥倫，盩厔令。				
昭禮，渭州長史。	昭亮，任城簿。	昭道，比部員外郎。			
伯超。					
端。		滔。	演。		秦卿，秦州刺史。
	仙宗，兼監察御史。			侶，檢校郎中。	秦裔。
					玄暉字子餘。

	昶字叔達，後魏鎮西將軍，謚曰穆，號第三房。				
義安。	元隆。				
	士熙，北齊彭城太守。				
	子令。				
	君通。				
虚舟，祕書少監。	園公。				園吏，考功郎中。
褒。	仁祖，相州錄事參軍。				
	不器，刑部郎中。			不勤，霍山丞。	
	豫。	益。		隨，祁丞。	撝謙，合州刺史。
	觵。				昇。
			式中。	景亮字長晦，中書舍人。	嘉績。

子哲，靈昌、伏陸二令。				
	挺，潭州司戸參軍。			
	懷慎，相玄宗。			
茂伯，度支員外郎。	奐，尚書右丞、漁陽縣伯。		弈，御史中丞。	
	振，國子主簿。	鈞，左武衞兵曹參軍。	杞字子良，相德宗。	檣。
			元輔，華州刺史。	
			順之字子謨。	
			曉字子昭。	

					懷莊，駕部郎中。	淑，魏令。					
							會昌，倉部郎中。				
	元德。	士澈，昌樂令、徐州別駕。	勝。								
			仁師。	世表。	弘肅。	廙，商州刺史。	寧。				
							宣，河陰尉。				
							宰，饒陽令。	維，太中大夫。			

弘懌，汝州刺史。	俌，中書舍人。		
	倬。	淌。	
	僎，汝州長史。		
弘愼，兵部侍郎。		庇，侍御史。	
弘贍，陳留令。	密，壽安令。	辭玉。	
		和玉。	涉。
	震，兗州參軍。		
	霽。	臨。	

				正師，眞定主簿。	
世矩，梓慎七州刺史、北平元公。				習信，東陽令。	
弘軌，道王府參軍。				善觀，貴鄉丞。	善祚，潁州司馬。
福會，軍器監。					巨源，原州長史。
歆，當陽令。	韶，許昌尉。	讜，太子中允。			揆，義興丞。
仲甫，中牟尉。	仲雍，鄄城令。	仲舉。	仲連。		

彭壽，太常寺奉禮郎。					師智，寓其尉。
尚卿。				懿卿，少府丞。	大辯。
敬一。			敬直，鄠陵主簿。	敬賓，汾西令。	
從愿字子龔，刑部尚書。				烜。	
纘，王屋令。	諭，比部員外郎。	允，給事中。			
	晉。				

尙之字季儒，後魏濟州刺史，號第四房。					
文甫字元祐，司空行參軍。					
敬通，太常博士。					
正觀，龍丘令。					
壽童，當陽令。		仙童。	羽客，衞南丞。		
茂道，玄武尉。		茂實。			
佶，懷州長史。					
暐，監察御史。			晶。		
沇，鄄、亳二州刺史。			惟穆。		
翬。	覃。		汝。	濟。	安，倉部郎中、閬州刺史。
	從範。				
	瞻生授，字敷。				

釗，永寧令。

祥玉，濟州司馬。

之翰，臨黃尉。

綸字允言，檢校戶部郎中。

簡能字子拙，檢校司封郎中、鳳翔節度判官。

知猷字子謩，檢校司空。生文度，字子澄。

簡辭字子策，山南東道節度使。

貽殷，光祿少卿。生文渙，字子林。

玄禧字子裕，國子博士。

弘止字子彊，宣武節度使。		簡求字子臧，河東節度使。	
虔灌字子肅，祕書監。	裔脩字子脩。	汝弼字子諧，祠部郎中、知制誥。	嗣業字子通，檢校禮部郎中。生

			文翼，字仲祐，後魏右將軍、范陽子。	
			士偉，齊州司馬。	
	正倫。	正命。	德基，南安令。	
		孝道。	萬金。	萬石，字萬石，監察御史、昌平縣侯。
				文勵，膳部郎中。
				伯陽。
				同宰，明州刺史。
				鋌，國子博士。
文紀，字子持，殿中侍御史。				

									鎮。	徹。	躅字子範。
									鏐。		
			義幹，永寧令。	眞惠。	玄範。						
						崇道，太常少卿。	鷗。				
							鵔。				
				眞相，諸城令。	子義，郫主簿。	守節。					
						伯玉。	沔。				
				眞行。	大機。			仲長。			
					大藏。	无忌。					

		士朗,殿中郎。					
		仁爽。					
		審經,瑕丘令。					
		河童,豐令。					
		嵒,河中倉曹參軍。	岳。	嵇。	邑。	巒。	
			增。			坦字保玠,霍丘尉。	衡,劍南東川節度使。
仁杞。							
佐元。							
諷。	近思。						
滭字子黯。	拯字勤之。						

						擇壽，開府參軍。
				審忠。		買臣。
				彥。	仲臻。	
				鎬。	銛，延州刺史。	
			常師，光祿少卿。		卨。	
大琰。	大璟，河南府參軍。	瓚。				

	士嬰。						
	璹。						珣，同州參軍。
輔臣，館陶令。	法德。						賈德。
			彝倫，上蔡令。				虔。
	玄約。		子輿，泌陽令。				
	昊。	序。	同，望江令。				
	肅，石州刺史。	徹，吉州刺史。	東美，考功員外郎。				
			暢。		申。	易。	
			尃字子尃。	立。			

								瑱。
				孝德。				
壽王。	醫王。		藥王。	仁弘，雞澤令。				
	子慎。	玄明，均州刺史。		元節，果州參軍。	元休，武德尉。	元昉，遂城尉。		
							鼎臣。	

	文符字叔偉，後魏通直散騎侍郎。	士遂字子淹，中山太守。	正力，屯田郎中。

范陽盧氏又有盧損。

損。	求。	攜字子升，相僖宗。	晏字望卿，壽安尉、直弘文館。

又有盧質。

質。	晝。	光濟字子垂。

光啓字子忠,相昭宗。

盧氏宰相八人。大房有商〔三〕、承慶;第二房有翰、邁;第三房有懷慎、杞;范陽有攜、光啓。

校勘記

〔一〕器　本書卷一六三柳子華傳及舊書卷一七九柳璨傳均作「公器」。

〔二〕南鄉恭侯暨　「南」,各本原作「甫」。按三國志卷二四韓暨傳,暨黃初中進封南鄉亭侯,卒謚恭侯。本卷下文亦作「南鄉恭侯暨」。據改。

〔三〕大房有商　上表列商第二房。未知孰是。